开发区土地集约利用

——从城市结构和功能视角解读

郑 斌 著

知识产权出版社

全国百佳图书出版单位

图书在版编目（CIP）数据

开发区土地集约利用：从城市结构和功能视角解读／郑斌著．—北京：知识产权出版社，2016.5

ISBN 978 - 7 - 5130 - 3877 - 5

Ⅰ.①开… Ⅱ.①郑… Ⅲ.①城市土地—土地利用—研究—中国 Ⅳ.①F299.232

中国版本图书馆 CIP 数据核字 (2015) 第 253125 号

内容提要

本书从城市空间功能实现的角度出发，提出开发区土地集约利用的广义内涵及其模式化的析构方法，并以武汉东湖高新技术开发区为例，结合城市环境下的土地利用均衡布局和开发区自身的产业特征和人地关系分析，从可评判、可操作的用地结构优化角度提出几种最利于开发区土地集约利用的发展途径。

本书适合于土地管理、城市管理、建设规划工作者阅读，也可作为高等学校相关专业的教学参考书。

责任编辑：祝元志　　　　　　　　　　　　责任校对：谷　洋

封面设计：刘　伟　　　　　　　　　　　　责任出版：孙婷婷

开发区土地集约利用——从城市结构和功能视角解读

郑　斌　著

出版发行：知识产权出版社有限责任公司　　　网　　址：http://www.ipph.cn

社　　址：北京市海淀区西外太平庄55号　　　邮　　箱：100081

责编电话：010 - 82000860 转 8513　　　　　 责编邮箱：13910846793@126.com

发行电话：010 - 82000860 转 8101　　　　　 发行传真：010 - 82000893/82005070/82000270

印　　刷：北京中献拓方科技发展有限公司　　 经　　销：各大网上书店、新华书店及相关专业书店

开　　本：720mm×960mm　1/16　　　　　 印　　张：13.5

版　　次：2016年5月第1版　　　　　　　　 印　　次：2016年5月第1次印刷

字　　数：182千字　　　　　　　　　　　　 定　　价：58.00元

ISBN 978 - 7 - 5130 - 3877 - 5

前　言

如何有效使用城市土地是城市发展的核心命题之一。土地作为一种稀缺的不可再生资源，是人类社会赖以生存和发展的基础。在我国建设用地紧张的情况下，城市的可持续发展最终还需要依靠集约与节约利用城市土地来实现。党的十六届五中全会明确提出要加快建设资源节约型、环境友好型社会（简称两型社会），以促进国民经济健康快速发展。土地资源节约、集约利用作为实现"两型社会"建设目标的基础与重要突破口，是实现我国经济社会可持续发展的重要保障。高新技术开发区作为高新技术产业、技术创新集聚地及政府管理的各项改革的试验区，是我国城市社会经济发展的重要区域。在建设两型社会的大环境下，为实现人类活动与资源环境的和谐统一及社会经济的快速健康发展，开展高新技术开发区土地集约利用模式研究，对推动我国两型社会建设具有重大的理论与现实意义。

本书结合国家自然科学基金青年项目"基于区位适应的城市用地空间结构优化决策模型研究"（批准号51008138）、教育部人文社会科学基金青年项目"基于区位价值构析的城市用地格局动态优化"（批准号09YJC630096）和湖北省软科学研究专项计划项目"两型社会建设背景下武汉城市圈高新技术开发区土地集约利用模式研究"（批准号2008DEA026）等项目成果，在国内外经济发展和土地利用经验分析的基础上，从城市用地空间结构优化的角度来探讨如何促成开发区土地集约利用格局的形成。本书自始至终都在试图论证开发区的土地利用特征与它涉及"哪些人"以及这些人的特定的用地目标有关，这必然会涉及周边附属的发展和配套情况。因此，开发区土地集约利用的这些空间特征一方面体现了现有的城市整体用地环境保持良性发展的需求，另一方面也塑造了城市的整体用地环境——而这背后反映出的仍旧是人的需求。

相关研究工作获得了华中科技大学国土资源与不动产研究中心的大力支持。华中科技大学公共管理学院的卢新海教授对本书的写作提供了无私的指导和帮助，谭术魁教授对本书的写作提供了宝贵的意见和建议。本书的部分研究工作得到了武汉大学城市设计学院的于卓副教授和武汉大学资源与环境科学学院的黄丽娜博士的协助，在此对他们表示衷心感谢！同时也感谢知识产权出版社祝元志先生对本书出版付出的辛勤劳动和帮助！

限于作者水平，书中难免有疏漏之处，请广大读者批评指正。

目　　录

绪　　论

　　土地集约利用的概念源于李嘉图（David Ricardo）等古典经济学家的农业地租理论（毛蒋兴等，2005；邵晓梅等，2006）。但是涉及城市的土地利用时，它与两个主题有关：一是城市的发展需要；二是城市土地资源的匮乏。关于前者，毋庸置疑：土地开发是一种物质诉求，人类的生产（经济活动）和生活（社会活动）需要合适的空间；与农业发展的需要相比，城市中的这一现象更有其不可分割的经济和社会意义。关于后者，对国内而言是由于我国人多地少，建设发展与耕地保护的需要发生严重冲突从而引起城市用地紧张（王民忠，2007；叶红玲，2007；喻锋等，2007），属于"刚性匮乏"；而在国外则大多是由于环保主义的盛行引起的（Bartelmus，2003；梁鹤年，2005），属于"弹性匮乏"。由此产生的土地"集约"利用的思路也大相径庭：国内偏重刚性指标（如土地利用强度，投入、产出率的比较等）的评判（王梅等，2004；王业侨，2006）；国外看重各项社会、生态指标在可持续性发展评价中的使用（Gill等，2008；Valenzuela Montes等，2008）。对工业发达国家而言，土地利用效率的决策与评价当中涉及的利益关系往往更为复杂，总体评估、不确定关系与多指标体系的折中往往成为最终问题的解决手段（Kok等，2007；Prato，2007；Giordano等，2008），既然城市土地的使用是由其所在位置的相对使用条件决定，那么，对其使用程度及使用方式的合理与否就应由依据它的某种"有效性"来判断，"有效"即意味着"集约"。"集约"在北美国家中表现为"精明增长（Smart Growth）"概念的提出或更早期的"新城市主义（New Urbanism）"。精明增长的表象虽也表现为填充式开发、紧凑式发展，然而其核心依然是基于环保考虑的更多使用现有基础设施及城市扩张的有效控制，并且其中关于"合理开发密度"的定义也显然更为复杂（张庭伟，2003；梁鹤年，2005；张明等，2005）。就其中需要关注的具体内容而言，国外（包括欧洲）的相关研究中，除环境与生态保护外（Norman等，2006；Kottmeier等，2007），还大致包含以下几类：景观与开放空间的保护（Lee等，2008；Rodiek，2008；Saz-Salazar等，2008）、基础设施（其中主要是道路）的使用（Chaug-Ing等，2006；Duvarci等，2007；Ozmen-Ertekin等，2007）、资源的共享与制造业的合作关系（Vatn，2007）、安全与其他社会问题（Najafi等，2007；Peel等，2007；Troy等，2008）等。实际上，种种的"合理性"最终总能归于经济、生态与社会发展的"可持续"。近年来，很多国内学者也陆续在国外期刊上发表了一系列关于城市发展的可持续性课题（包括土地集约利用）的文章[如Shi Yishao和Li Shuangyan（2007）、Meng Yuan等（2008）]。有意思的是，即便关于城市的"可持续性"这一概念，东、西方学者对其理解依然存在着差距。以近期出自中国大陆学者（Yu等，2008）、中国台湾作者（Lee等，2007）以及欧美学者（Singh等，2009）的均采用详细指标来描述这一概念的三篇国外文献为例进行比较，可以发现：中国大陆学者的指标中包含项目较少，其中经济、产业因素占多数，而社会性指标只涉及人口增长率、就业率和人均存款三项；中国台湾学者的指标有51项，其中社会性因素为22项，环境因素次之，占13项，经济、产业占的份额相对较少（其中个人收入和失业率还被列入经济因素中）；而欧美学者的指标中涉及的因素则更为丰富，其中光是大类就有41项，每项大类中又分若干小项。理念上的差异直接带来管理上侧重点的不同。因此，也有文献批评当前发展中国家的土地管理项目中普遍缺乏社会经济学的内容（Mitchell等，2008）。

显然，当前我国几乎所有的土地集约利用评估项目中都存在着这个问题，甚至在2008年颁布的《开发区土地集约利用评价规程（试行）》中也表现如是。

从本质上讲，这种差异也并非仅仅是出于东、西方观念的固有差异。国外环保主义的盛行首先要得益于资源的"刚性"不缺乏，长期以来社会经济的发展条件以及其他一些传统人文因素更促成了对社会、环境问题的重视。而对于发展中国家，特别是对中国而言，在"刚性"尚有所缺的条件下过于讲求"弹性"，也未必可行。"可持续"的本质是"发展"，同样，"集约"也必须以能满足基本的"够用"为前提。对欧美的种种观点与做法，尤其是将社会、环境诸问题完全置于城市的空间规划、功能分区和土地利用的决策之上，虽然科学且先进，但是就其借鉴而言，也应在自身发展的不同阶段上，取其适用，量力而行。如何在保证"刚性"需求的前提下，借鉴国外的经验，从传统的集中式集约过渡到兼顾各方面发展需要和以社会、经济、生态兼顾为标志的广义集约，从而做到真正的"可持续"，应是我们学习的重点所在。

就国内目前的土地集约利用研究而言，大致可分为两类：一类是关于精明增长的思考，当前还主要存在于城市规划领域的理论性探讨；另一类则是在国土部门较早进入实际操作的土地集约利用评价指标体系及评价方法的研究。后者主体上还是以传统的利用强度、投入强度和产出效益三大项作为主要指标（洪增林等，2006；王业侨，2006），抑或加入新的方法因素[如神经网络（常青等，2007）]或者研究侧重点的变化[如时空变化（张富刚等，2005；王广洪等，2007）]。在针对开发区的研究当中也出现了很多新的亮点，如翟文侠等（2005）的研究用数据包络方法发现当前开发区土地利用对市域经济发展的有效性主要表现为对地区生产总值和财政收入方面；陈逸等（2008）则在研究中分析了开发区与母城关系的演变和发展；李伟芳等（2008）分产业类型计算并比较了各类企业的集约利用情况。此类研究实际上已经部分探出了传统集约利用评价模式的昝儿而带有一定的综合评价的思想。

此外，也有少量最新的研究将一些新指标纳入土地集约利用评价体系的情况。如班茂盛（2008）等在研究中加入了一系列创新类指标来评价高新区的土地利用绩效，谭峻等（2008）在评价体系中加入了更多社会效益因子和环境效益因子，此外，还有施昱年和叶剑平（2007）专门从社会需要的角度出发研究了园区对周围服务设施的需求，汪友结等（2008）从循环经济的角度评估了芜湖市城市土地的利用程度，等等。这些研究在思路上或多或少借鉴了国外的一些经验，并且在评价体系上也有所突破。

国内还有一些研究并非从土地集约利用评价的角度来讨论，但是其研究结论或方法仍对土地集约利用的评价具有一定的启发作用，例如：宋吉涛（2006）等对城市土地利用结构相对有效性的评价；郑新奇（2008）等对中国城镇用地结构的合理性分析；梁红梅（2008）等对土地利用社会经济效益与生态环境效益的耦合关系研究；杨星（2005）等对东莞市的土地资源可持续利用的实证分析等。

从20世纪80年代开始，中国进入快速城市化发展时期。开发区作为各级政府"筑巢引凤"的一项重要举措，在振兴地方经济乃至区域经济的过程中发挥了重要作用。从城市化的角度看，开发区是城市在二维空间上的延伸，开发区的形成实际上就是城市空间发展，亦即城市范围扩张的过程。但是由于其自身产生的政策环境以及集中、超常规速度发展的特点，开发区一旦形成，无论它是与城市直接相毗连，或是以"飞地"的形式存在，在用地方式上都会与母城自发生长所形成区域有所不同，因此，在实际研究中应有所区别。

城市发展的核心问题之一就包含着如何最有效地使用城市土地。土地作为一种稀缺的不可再生资源，是人类社会赖以生存和发展的基础。在我国建设用地紧张的情况下，城市发展的可持续最终还需要依靠集约与节约利用城市土地来实现。1999年11月，时任国土资源部部长在"全国土地集约利用市长研讨班"上的总结讲话标志着城市土地的集约利用问题在我国引起的重视达到了一个新的高度。1999年，《中国土地》杂志上刊登出时任国土资源部副部长的李元先生的专稿《开发区应成为集约利用土地的示范区》，则意味着开发区土地集约利用的专项议题也被正式提上日程。

党的十六届五中全会明确提出要加快建设资源节约型、环境友好型社会（简称两型社会），以促进国民经济健康快速发展。土地资源节约集约利用作为实现两型社会建设目标的基础与重要突破口，是实现我国经济社会可持续发展的重要保障。而高新技术开发区（简称高新区）作为高新技术产业、技术创新集聚地及政府管理的各项改革的试验区，是我国社会经济发展的重要区域。在两型社会建设的大环境下，以城市圈作为背景，开展高新技术开发区土地集约利用模式研究，在区域产业结构优化布局的前提下探索土地集约利用的途径及土地利用控制标准，以实现人类活动与资源环境的和谐统一及社会经济的快速健康发展，对推动我国两型社会建设具有重大的理论与现实意义。

湖北省作为"中部崛起"的战略要塞，以武汉城市圈"两型社会"建设为主题获国务院批准为"全国资源节约型和环境友好型社会建设综合配套改革试验区"。与传统的高新区土地集约利用研究不同，将武汉城市圈作为研究对象，就必须摆脱狭义的"就地论地"模式，而将目光延伸到区域条件下城市与城市之间、开发区与母城之间、开发区与开发区之间的产业、生态、能源、交通、基础设施以及各项社会经济活动的相互作用机制对高新区土地利用效用的影响上。从区位与空间的角度，将高新区的概念从狭义的工业生产用地内涵拓展为外延的城市有机组成体概念，将城市规划的理论与GIS分析技术融入广义的高新区土地综合效用评价中，探讨武汉城市圈高新区土地集约利用的各种可能模式，这对于现有的土地集约利用评价方法与理论体系的完善将具有重大的参考意义。

实践上，以两型社会建设背景下高新区土地集约利用的内涵及其评价为基础，为实现武汉城市圈内高新区土地资源统筹利用与产业结构优化布局，从不同利益角色的分析入手构建两型社会建设背景下武汉城市圈高新区土地集约利用模式，可为建设两型社会提供实践参考。

第一章 城市的功能、结构与土地利用的效用

关于"城市"，它的一个基本定义是：以非农业产业和非农业人口集聚形成的较大居民点。也就是说，城市居民以及城市居民所进行的一切活动，是地球上的该片土地之所以成为城市用地的存在主题。城市居民的工作、生活以及由此所表现出来的种种偏好，构成一系列功能性的需求，集中反映在城市土地的供应数量、利用结构和社会分配上。城市土地利用应以满足城市各项功能需要为根本。

本章从城市空间功能的形成历史、当代城市的功能、城市土地利用的价值源泉以及效用产生方式等几个方面来阐述城市土地利用的内在功能性要求。

1.1　城市空间功能的历史变迁

城市发展的历史悠久而漫长。最早的城市可溯至数千年前，但是直到最近的三百年间城市才得以迅猛发展。在千年历史长河中，城市或保留或湮灭，有的历经数十次烽火的涤荡依然屹立于世，而有的虽然建筑和街道还保存完整但已人去城空。有的城市迅速扩张、欣欣向荣，有的城市却依旧保留着数百年前的形体规模而几乎未发生变化。时间给我们留下如此多变的景象，不免引人遐思：什么才是一个城市得以存在的本质？是城市人口的容器、城市活动的场所，还是空气般无影无形的经济氛围的集聚？对城市以及城市空间功能的分化及如何产生并最终成形这段历史的回顾，将有益于我们当代人思考"如何更好地利用城市土地"这一问题。

1.1.1 早期的城市发展

早期的城市功能简单，形成原因也并不复杂。按照当前一般的观点，城市产生的根源最早应追溯至5000年前人类的第一次社会劳动大分工。农业从传统劳动中分离出来，从此食物得到了保障，人类得以从整日追逐猎物的危险工作中解放出来，从事一些为求果腹之外的活动。初期简单的交换变得越来越频繁，以至于为日后纯粹以经济收益为目的的生产活动创造了温床，然后很快就是第二次社会劳动大分工—商业和手工业得以盛行，原始的以"生产—消费"为特征的社会再生产模式被"生产—交易—消费"的新模式所取代。

正如现在经济学家所描述的那样："贸易使得每个人的状况都变得更好"（曼昆，2009），生产的专门化使劳动生产力得到了实质性的提高，但由此带给人们的是大量的剩余产品以及如何分配和使用这些剩余产品的烦恼。人们想要保留剩余的财物，私有制的出现似乎不可避免。于是原始的氏族社会及其生产关系逐渐瓦解，以家庭为基本单位的经济活动开始进入人类社会的核心部分。私有财产的增加再加上最终承担风险的单元从氏族转变为家庭，从而使得人们不安全感加剧：盗窃、抢劫甚至大规模的入侵随时都有可能发生——这是一个十分严峻的社会问题。于是家境殷实之人会向部族首领们提议筑造城墙、修建壁垒并制定围墙里面的日常行为规范，首领们自然乐于接受——因为他们自身往往也是有钱人；穷人们为获得更为安稳生活的许诺而自愿加入或者迫于形势而加入进来，因而城市渐显雏形。私有制和阶级分化这两大要素，为早期城市的出现奠定了基础。城市的形成为日后大规模的手工业生产以及各种商贸活动提供了庇护之所，经济得以繁荣。而这反过来又促进了城市的发展，城市如雨后春笋般生长开来。

即便如此，早期的城市发展仍旧十分缓慢。那时候的人口远没有现在这么多，疾病能够轻易夺走人们的生命，婴儿的死亡率也很高。总之，地球上的人口密度被维持在了一个非常低的程度，所以客观上也不需要太多的城市。人们散居在各地，首先得以发展起来的城镇往往都是那些容易让人口聚集起来的地方，比如，靠近交通要道，或者碰巧旁边有一个很好的港口。在这些地方，人们比较容易获得粮食和其他所需要的一切。最重要的是，人们还可以从源源不断的来往和交易当中积聚财富。所以，现在我们会很容易地将"古代文明"和两河（幼发拉底河和底格里斯河，两河流域是古巴比伦文明的发源地）的交汇处、尼罗河口地带或者环爱琴海这样的地区联系起来——这些地方在古代都曾经孕育出比较大规模的城市或城市群。在当时，地理意义上的交通条件是如此重要，所以连佩特拉（约旦的一座古城，位于安曼南250千米处，隐藏在阿拉伯谷东侧的一条狭窄的峡谷内。它北通大马士革，南经亚喀巴湾可到印度洋和红海，西面是加萨，东面的沙漠背后是波斯湾。佩特拉古城几乎全在岩石上雕刻而成，周围悬崖绝壁环绕）这样连普通房舍都无法建造的不毛之地甚至都曾一度繁盛起来。

　　但是不足的人口数量限制了贸易的需求，商机就变得十分珍贵。于是，在某段时间、某些地域范围内，如果以稍微"功能化"一点的视角来看，城市数量确实显得有些过剩了。所以古时的罗马和迦太基成为死敌，斯巴达和雅典也打得不可开交，而平时彼此之间争吵不休的希腊人也会偶尔团结起来，不惜代价去把特洛伊夷为平地。人口总是个大问题。一场战争、一场饥荒、一场天花或者鼠疫便足以夺走城市中大半人的性命。更糟糕的是，每隔一段时间诸如此类的事情就会发生。因此，竞争的城市或以城市为中心的政权即使总在不嫌麻烦地相互攻伐并乐此不疲，但却常常不是以一劳永逸地占有对方为目的——因为掠夺人口（奴隶或徙民）和财富往往比土地本身更为重要，战乱年代尤甚。相关证据不仅可以出自《荷马史诗》这样的西方著述，这种事情在中国历史上也曾多有发生。

例如,《晋书》中就记载:参与淝水之战的苻坚都长安后,曾徙张平"所部三千余户于长安",后又破匈奴右贤王曹毅,"徙其酋豪六千余户于长安";而慕容盛伐高句丽后,"徙其五千余户于辽西";勃勃攻兴将金洛生于黄石固,"徙七千余家于大城",又攻兴将姚寿都于清水城,"徙其人万六千家于大城";勃勃进攻姚兴将党智隆于东乡,"徙其三千余户于贰城",凡此等等,层出不穷。

此时此刻,我们自然无法将这样的城市和"寸土寸金"这个词联系起来。那时候人们对城市土地的使用要求很宽松,即便对于一个王国都城的规划,也只会关注少数几个要素:城墙、王宫、宗(神)庙、祭坛以及市场(《周礼·考工记》中记载:"匠人营国,方九里,旁三门,国中九经九纬,经涂九轨,左祖右社,前朝后市,市朝一夫")——也许某些实行城邦民主制的西方城市会用一个广场来替代王宫。城镇要么专为防御而设计得十分狭小,诸如罗马的营寨城、欧洲中世纪的城堡或者中国古代的"坞";要么就内部空旷,除了住宅、市场以及少量的公共建筑(有时候可能只是王宫或官衙)之外,还保留大片的农田。《庄子·杂篇·让王》中就有这样的记载:曾经孔子问颜回为什么不愿做官,颜回回答说,"回有郭外之田五十亩,足以给飦粥;郭内之田十亩,足以为丝麻;鼓琴足以自娱;所学夫子之道者足以自乐也……"既然如此,那么城市道路、绿化甚至包括为公共服务的基础设施等,就不会显得那么重要了。

从史料记载的情况看,在中国古代,最早具有现代城市特征的典型城市可能当属绘于公元10世纪《清明上河图》中的汴京城了。北宋经济的复兴和科技文化的进步为城市的发展创造了契机,这样也就成就了《清明上河图》这一艺术杰作。当然这一切首先都应归功于"宋代江南农业革命"(李伯重,2000)的产生:如果农业生产率提高的速度足够快,再碰巧遇上一个社会比较安定的时期的话，人口就能快速增长，贸易也将更为频繁，城市自然会得以兴盛。稍微晚些时候，例如，13世纪世界的另一端，当马可·波罗开始向西方世界描绘东方城市的富丽堂皇时，伟大的"文艺复兴"也悄然兴起，从此欧洲的城市也从中世纪城堡的阴影下幡然苏醒。在此之后，全世界的城市都获得了一个比较好的发展契机。关于这一断言可以很容易就找到一些例证：因为在亚平宁半岛上，今天还留存有相当一部分从中世纪开始发展起来并一直维持到现在的城镇。而在中国，虽然早先的城市已大多湮没，但是大量文献记载的存在，使得专门研究古代城市发展史的学者们明显对宋元之后的这段时期格外偏爱（李孝悌，2006）。

接下来几百年的人口快速增长甚至还引发了一些人的不安，幸运的是科技进步及时快步跟上，解决了粮食之忧。而城市则为越来越多的人口提供了容身之处。在"马尔萨斯陷阱"理论被提出的那一个世纪里，欧洲经历了一次重要的农业革命，随后英国率先引领世界迈入19世纪的工业时代。蒸汽机和纺织机，带着震耳欲聋的隆隆声，再次唤来城市发展的步伐。从此，影响整个世界的近、现代城市化发展进程正式宣告开始。

1.1.2　对城市空间的认知变化

按照经济学理论，商品的价值跟供给和需求有关。在自然界中，虽然不是所有的物品都能成为商品，但其是否能够得到重视、被重视的程度及其背后的原因也大致与商品类似。譬如，在污染还不像现在这么严重的过去，从没有人会觉得空气有多么宝贵。空气无影无形而又无处不在，人们可以自取自用、随意处置。然而伴随着消费的增加，新鲜空气的消耗与废气的排放开始不成比例。因此，虽然空气从总量上看暂时没有出现多大改变，但是质量问题却造成了隐性短缺。于是突然间空气也有了价格，并且可以在凭空产生的市场上以"碳排放权"的名义进行买卖。

人们对城市空间的态度也大致如此。早期的城市所能提供的不过是安全而已，因此，围墙便成了城市中最有价值的东西。在战争年代，人们会暂时挤入围墙之内，然而一旦战事结束，人们便依旧走出城外从事自己旧日的营生。毕竟发达的商业经济只是在少数几个城市里曾经出现过，而在大多数时间里，例如，漫长的中世纪，大多数商业城市也会日渐没落——终能保持长期昌盛者少有。对于平民来说，反而是城外的生活常常更能够做到自给自足。所以，如果没什么重大变故发生的话，城墙里面就让给少数胆小而又不用为生计发愁的闲散阶级去住好了。况且墙里面的生活也不一定就好到哪里去：能闻到的是"大街上遍地的腐烂垃圾的气味，萦绕在主教大人宫殿周围的猪圈的气味"，甚至，有时候偶尔还会发生类似于"法国皇帝在自己奢华的宫殿内开窗远眺，却被巴黎街头拱食的猪群发出的恶臭熏得晕倒在地"这样的情况（房龙，2009）。

虽然这种不太理想的城市生活状况在不同的时代、不同的地方会有所不同，但是对于早先（尤其是工业革命以前）的城市，以下事实基本上是成立的，即在奴隶社会或者封建社会里，即使是那些住在城市里面的人，大多也不会对"区位"这种抽象而又令人头疼的概念产生什么明确的要求——这一点恰恰与我们现代人相反。

从古代人的眼光来看，依靠占据一个有利位置来漫天要价是很不光彩的。在当时的法律制度下，这甚至会招来严重的法律后果，而且不会得到社会的同情。因为不管是西方的圣经教义还是东方的孔孟之道，都曾明确表示过对利息这类"不诚实"获利的反对。在古代文学作品中也有很多这类情景的描述。

所以即便是关于农业地租对于土地的肥沃极其依赖这一事实，也是直到18世纪方才在相关著述中出现一些较为清晰的论述，这就更不用说在此基础之上发展而来的城市区位概念。再者，即使这些都不成为问题，在当时城市中的"区位"也不见得就能随意沽得。贵族们对于保持祖上流传下来的"体面"是如此重视，因而每个人都非常明确、并且也非常愿意严格维护着自己的活动领域。贵族的马车向来不屑驶进平民的小巷；而对于下层人民来说，也许偶尔会因为做工的需要而会期望离雇主家近一些，但是谁会在乎他们的要求呢？况且在旧时的雇佣关系中对此还有相应的解决之道，学徒、帮佣、杂役或家庭教师等工作，大多会将解决基本的食宿计入劳动酬劳之中（迈克尔·米特罗尔等，1991）。于是城市被"合理"进行了分割，不同地段的人在自己所属的那一小片地方从事与自己的身份"最相符合"的活动，就如同生活在同一个围墙里面的不同小村子里。即便在资本主义逐渐萌芽的时代里，在当时最大的一个城市阶级——手工业者群体开始初显规模的时候，这种地域的片段化分割在封建行会制度、教区制度以及族群区分等因素的扶持下又得以延续了相当长的时间（房龙，2008）。

　　与此相比，中国古代的城市社会反倒相对简单一些，因此，很早就已经形成了街坊式的空间分割外加里保式的身份绑定这样一种比较固定的城市管理形式。这从一定程度上满足了当时的统治者们通过限制居民流动来达到便于治理的需要。此外中国古代的统治者们还有其他一些辅助的手段，例如，将需要经常聚在一起办公议事的官员集中到内城居住——如明清时的北平城（现北京市）布局；或者给某一城市区域打上职业标签限定居住——关于此也不乏例证，例如现在仍到处有迹可循的"胭脂巷"地名；又例如有史料记道，明万历二十九年苏州"东北半城大约机户所居"（李孝悌，2006: 159）；等等。于是，就如我们后来所看到的那样，城市空间的分割衍生出一些特有的时代印象，比方说：源远流长的走街串巷式的小贩文化，显然就是为弥补普通市民出行的不便而出现的。

　　由此可见，现代人的各种与"城市空间"有关的概念的形成显然并非来自于围墙所围合起来的那个物理意义上的空间。这不免令人感慨：推动历史车轮前进的驱动力是如此强大，以至于人类前后的行为和观念在"城市空间概念的认同"这一问题上竟会突然之间发生截然的变化。那对城市空间认知有着深远影响的"（城市）中心"情结如何产生并在最后又如何演变为争夺那种对古代人而言无比抽象的"地段优势"而不惜一掷千金的普遍冲动？对此，马克思精辟地论证过：生产力的潜移默变会带来生产关系的变革，从而引发社会结构的改变。而这种变化过程在城市功能形态变化上也获得了清晰的体现。起初也许只是不经意间改变了一点点人们的态度，例如某天清晨，一位可以略有得闲的农夫突然发现：世代居住的家宅四周那些熟悉的环境竟突然变得让人无法忍受。但是就这一微妙变化，所带来的对城市空间的喜好竟由此渐起波澜，而随后人们的各种活动以及影响更一发不可收拾。

这其中首要的表现便是人口大量涌入城市。其原因既有政治革命的波及使得农村旧式生产关系和家庭关系瓦解，农村家庭成员[旧时中外关于"家庭成员"意指的范畴都很广，其中不仅包括家庭的核心成员，还可能包括失去继承权的子女、私生子、雇工或者临时的佣工等[详见迈克尔·米特罗尔等（1991），《欧洲家庭史》第1－21页"作为一种历史社会形态的家庭"部分；赵冈等（2006），《中国经济制度史论》第162－177页"佃农的身份与生活"部分以及第290－296页"奴婢的待遇与工作"部分]对土地的依附关系减弱（迈克尔·米特罗尔等，1991）而使人们获得流动的自由；也有人口快速增长和农村相对萎缩的劳动力市场将人口推向亟需大量雇工的城市，于是城市化成为历史的必然。

而后这又进一步使得城市用地的需求大增，早期狭窄的城市变得越来越大。但是宝贵的城市设施总是首先被位于城市中心位置的"旧"城所占有，于是地点的方便和不方便之间潜藏的隙缝演变为巨大的利益鸿沟，位置的选择终于成了问题。与此同时，在城市已经落下脚的平民们在新的生产关系中也逐渐获得了平等的身份，因而可以要求更为合理的报酬，同时也会顺带寻求改变一下自己的居住环境。但有利的地理位置却相对稀少，人们只有通过竞争来获取。亚当·斯密所描述的那只"看不见的手"于是开始在其中发挥作用。商店的经营或者工厂的选址也同样如此，由于营业者获得公平的经营权而产生对更好空间位置竞价的可能。

总而言之，仿佛一瞬间，"大量有需求的人"以及"大量人的需求"这两个缺一不可的条件在合适的时机下都及时出现了。自此以后，城市大步迈向今日的纷繁和复杂。

1.2　当代城市的空间功能

1933年8月，国际建筑协会在雅典会议上制定了一份关于城市规划的纲领性文件——"城市规划大纲"，即后来著名的"雅典宪章"。"宪章"提出居住、工作、游憩与交通活动是现代城市的四大主要空间功能，并持有以下观点。

（1）城市的居住问题主要表现为人口密度过大、缺乏空地及绿化、生活环境质量差、公共设施少且分布不合理等。因此，建议住宅区要有绿带与交通道路隔离，住宅区按邻里单位规划。

（2）工作问题是由于工作地点在城市中无计划的布置，远离居住区，从而造成过分拥挤而集中的人流交通。因此，建议有计划地确定工业与居住的关系，缩小其距离，以减少上下班的人流量。

（3）游憩问题是大城市缺乏空地、城市绿地面积少且位置大多偏于郊区。因此，建议新建的居住区要多保留空地，增辟旧区绿地，降低旧区的人口密度，并在市郊保留良好的风景地带。

（4）针对交通恶化问题，靠局部的放宽改进道路并不能解决问题，须从整个道路系统的规划入手，考虑适应机动交通发展的全新道路系统。街道要以车辆行驶速度作为功能分类的依据，分为交通要道、住宅区街道、商业区街道、工业区街道等，并按照调查统计的交通资料来确定道路宽度。

出于当时西方大城市中普遍盛行的福特制工业环境的影响，"宪章"认为城市的种种矛盾是由大工业生产方式的变化及土地私有而引起，应按全市民众的意志规划。其步骤为：在区域规划基础上，按居住、工作、游憩进行分区及平衡后，建立联系三者的交通网（李德华，2001）。这是1933年的一种主流观点。

时至今日，"雅典宪章"所确定的四大城市功能基本上已为全球的城市规划界所认可。而随着城市社会和技术条件的发展，虽然其中有些观点用80年后当今的眼光来看已难免过时，但即便这样也仍然具有非常重要的参考意义。

1.2.1 城市空间的居住功能

城市的各种活动终归离不开人，要安置这么多的人，首先要让人们住下来。因此在城市四大功能中，居住通常被城市的规划管理者视为城市的第一活动。居住功能与土地的使用密切相关。首先便是强度问题，这不仅涉及人口的容量，同时也关系建筑的密度。

基本上，现代的人们会认为在过度拥挤的地区中，生活环境通常不会太卫生。这是因为在这种地区中，土地会被过度使用，缺乏空旷地，同时建筑物本身也可能正处于一种不卫生和被败坏的状况中。这种状况也容易让人快速联想起这些地区中居民的收入情况，因此可以猜测：实际情形可能还会更糟糕。而在人口稀疏的郊区，人们却可以由自己来选择一个优越的地区，因此可以享受到各种优点：空气清新、地势好且无采光之虞，拥有大片绿地和开放空间、环境优美、交通便利而且不受工业的侵扰。

而城市中心区的人口往往要多于城市边缘区。1933年推行的雅典宪章中有估测，一些城市中心区的人口密度甚至可能达到每一万平方米居民超过一千人——这在当时的建筑技术条件下是个很惊人的数字。随着城市的扩张，原先的城市边缘就会变得越来越靠近城市中心。因此，以下想法便逐渐为人们所接受：首先，随着市区的不断扩展，围绕住宅区的空旷地带亦被破坏了，这样就剥削了许多居民享受邻近乡野的幸福；其次，集体住宅和单幢住宅常常建造在最恶劣的地区，无论从住宅的功能来看，或是就住宅所必需的环境卫生而言，这些地区都是不适宜居住的。"花园城市（Garden City）"的支持者以及他们的追随者们可能会特别倾向于这种观点，因此，会支持控制城市规模，同时建议在适当的地方以适当的规模建设住宅区。

但是一旦将花园城市的想法付诸实施，情形却常常走向与最初美好设想相反的方向。因为新建郊外居住小镇没过多久就自动融入城市变成居住区，结果城市还是继续蔓延、无法控制。同时，郊外的空气仍然充满吸引力，相比之下城市里面的生活简直无法忍受——至少房地产开发商是这么宣传的。于是富裕的居民便继续逃离市中心，到更远的郊外另觅家园。人们以大量的汽车尾气和拥挤的交通为代价来追求更大的空间、更好的空气，当然还有更多、更新、更豪华的住房设施。这当然得到了房地产开发商的欢迎，于是在各方力量的推动下，城市从最初的有机疏散设想直接转变为逆城市化甚至无序蔓延的过程。而城市贫民却被一直驻留在逐渐老化的住宅区，缺乏住房维护更新的资金、得过且过。于是在城市里面，旧的区域日渐衰败。

事情总是这样：推理常难免产生偏差，只有发生的才是事实。在很多规划文献中，那些密度很高的居住区往往都和"拥挤的贫民区"联系在一起。然而，在完成一系列城市地区的考察之后，记者简·雅各布斯（2006）却惊奇地发现：在实际生活中，美国的贫民区往往是一些死气沉沉的低密度的住宅区。这一结果虽然貌似难以置信，却验证了"只有人群集中在一起时才会产生便利的价值"这句评论。传统上城市的低密度住宅享有好的名声而高密度却差名在外。这也许只是因为人们太习惯于将高密度与过于拥挤混为一谈了。

当然过高的密度确实也不是好事，因为这可能意味着拥挤。但是在一个区域里保持一定的人口密度毕竟是保持某个城市区域持续活力的唯一方法。人们都希望住在能够方便获得更多、更好设施的地方。要想吸引更多的生活设施，就需要有满足这些设施经营的足够的顾客；而顾客越多，这些设施的规模就越大，然后就更能吸引人们到附近居住，这个地方也就越显得活跃。

但同时我们也会注意到这背后有时也存在问题。因为要让更多的人住下来，对空间就有了要求。如果这一地区很受欢迎的话，房屋开发商会乐意建立更多的单元。当然对开发商而言，通常有两个办法，即让房屋越来越密或者向上发展。但是房屋的密度总有个限度，所以后者往往更被青睐。而房屋的高度大体上也总是跟能源消耗，或者用现在比较流行的说法是二氧化碳排放成正比（托马斯·弗里德曼，2009），这导致居住费用的大幅增加，于是前述的种种吸引力将会被降低。此外，不断向上发展有时也并不仅仅意味着能耗的增加以及居住费用的大幅增长。当成片的区域逐渐被越来越多的高楼占领，亦即宣告了全面改造的开始。于是周围那些在原先逆城市化过程中无奈留下来的穷人将再次被迫撤离，换之而来的则可能是更多的社会问题。

真正有活力的居住区域既不是城内低矮的贫民住宅区，也不是连买菜都需要开车前往的郊外别墅群，而是那些能保持一定的人口密度但却并不显拥挤的区域。这是一种困难的平衡，但却是必须的。总而总之，如何保持合适的密度和高度，而不造成拥挤或过于昂贵的居住成本，是营造城市居住环境一项极为重要的内容。

1.2.2　城市空间的工作功能

国内曾经有一个网络评论这样形象地描述过我们的城市与工作之间的关系。

20世纪五六十年代里城市里到处是钢铁厂与纺织厂，钢铁厂里很多男性职工，纺织厂里很多女性职工，钢铁厂与纺织厂经常组织联谊活动促成这个城市居民的婚姻。后来规划部门改变了决定，让这里要搞高科技的电子产业，于是纺织厂与钢铁厂关掉了，但是纺织与钢铁工人的小孩已经长大，产业迁走了，但他们还是要留在这里，因为这里有好的教育和好的医院。于是他们用积蓄买房子租给新近而来的外地人，并且靠为这些外地人开设小餐馆、小商店以及其他一些服务行业来维持家庭的收入水平。这些外地人成了这个城市的第二批居民，他们或者是被政府吸收过来的高科技产业专家，或者追求高科技产业高于全国平均的收入而来，他们就向钢铁工人和纺织工人借了房子。渐渐地他们自己逐渐也能买房子了，也渐渐地成了本地人（科技产业工人）。而随着时间的推移，一些科技企业又迁到别的地方，一些企业也倒闭了。但是科技工人在这里生活了很久，发现了这里的好处，也留下了……如此循环往复，城市的产业越来越多，人口越来越多，同时五花八门的服务业也渐次出现，城市越来越显得有活力。

（原文来自于网络http://book.douban.com/review/2080811，此处稍有缩减）

这个故事讲述的是我国过去计划经济体制下一个典型工业城市的自然发展的过程，产业与人口的发展规律形成循环，而社会化的工厂就像一个个独立的小城镇，为这样的循环提供了空间。人们住在工厂周围生活和工作。

可是现在，产业与人口的循环仍然存在，而工作的场所与人们居住的区域却被隔离了。随着城市的不断更新，城市中心的土地租费越来越高。那些原先位于城内的工厂所能承担的地租是有限的，这使得工业被迫迁往市外，远离居住区。与此相比，城市中的另外一种工作场所——商业区却往往无法搬往郊区，因此只有在花费巨款购置土地和拆毁周围建筑物的情形下方能获得发展。为保证盈利，商业地产的开发商不得不清出原先存在于这些区域的各种小型化商业和住宅，然后尽其可能将这些地区建成更有经济价值的商务区、大型商业中心或者其他专业化的区域。工业区、商业区、住宅区被人为地分隔开来，其直接的结果就是不同的时间人们在不同的地方活动，但是这些功能却一个都不能少，原先紧凑而又生机勃勃的城市被人为地分割成了工作的区域、睡觉的区域、娱乐的区域……

一座健康的城市应该是复杂而有机、宜居的，缺乏生活设施，没有杂货店、五金店、电影院、艺术花店和小饭店的区域无法生硬拼凑出一座生活的城市。当置身于一个高楼巍峨的商务区的中央或者坐在一个宽敞而漂亮的高科技产业园区中央的广场上的时候，虽然周围的一切很容易让那些远道而来的游客发出感叹，但是这些同时也会让人们心生敬畏并感到难以亲近。仿佛刹那间城市已不再是居民们的家园，而变成了某个看不见摸不着的经济泰坦的城堡——也许偶尔也作为游客观瞻的观光之所。

但是我们已经习惯在那些刚刚更新过的或者正在更新的工作区域里面挤走这些为人们所熟悉的店铺，同时我们也挤走了本来应该属于这里的居民。在一座大型商务区或高科技园区里，由于缺少附近的常住居民，可以想见要开设一个小餐馆或小超市会变得多么困难。因为地租太贵，而可利用的营业时间又实在太少了。也许有人会认为在一个像样的商务区中不需要这些，但是在一个连提供早点的地方都没有的区域里面，恐怕除了不得不来上班的八小时外，没有人会愿意在这里哪怕多停留一分钟。所以接下来就是我们常见的一幕：一到下午五六点钟，人群从各个建筑物中蜂拥而出、直扑地铁车站或者公交车站；然后再过两三个小时，整个区域都沉静下来，直到度过将近十个小时的彻夜"空置"之后，才能再次见到人影。最终，那些由满地钢筋混凝土塔楼和巨大玻璃幕墙构成的区域变成了名副其实的空巢。虽然白天偶尔也会有人出来活动（大多数时间人群都躲在那些高大的建筑物里），但一到晚上，整个区域，甚至包括那些建筑物里面都变得人迹罕见。漫长历史长河中积淀而成的城市氛围被逐渐蚕食，变成黑洞——没有活力，只留下壮观的空壳。

人们在不同的城区之间来回奔波，空间在时间的轴线上被人为分割了：在某一个特定的时刻，城市总是一些空间在使用，而一些空间却空着。白天家所在那个地区几乎空无一人，而到了晚上却变成工作的那片区域空无一人。在一些大城市，即使连这50%也只能是理想状态下的一种假设，以致"鬼城"竟成为近年来报道里描述当代城市的一个常见词。而仅仅是出于让工作场所的集中，我们就得为这些地区配备最好的建筑、最好的绿地、广场和停车场，即使在至少一半的时间里，这些地方都空着。同样，在所有不同功能的区域里，人们都需要自己的开放空间、绿地和停车场。因此原来一个城市可以容得下的人口却产生了三四个同样大小的空间配置需求。这样的城市就算单一的土地利用再紧凑，其总体的集约效果恐怕也十分有限。

这对于那些被挤走的居民来说也不是好消息。因为他们往往只能搬到更远的居住区里面住。在这些漂亮光鲜的新房子里，不用等到乔迁的喜悦消散，他们就会发现自己已置身于这样一种尴尬的境地：周围是和自己一样陌生而又心怀戒意的邻居，房前是无人照看、对儿童充满危险的小区花园，没有了那些熟悉的店铺和每天经过时打招呼的店老板，旧日的亲切一去不返。由数代人辛苦营建起来的温馨而又充满安全感的居住氛围需要假以时日来重新建设——但是实际上往往还没有等到这种氛围形成，新一轮的城市更新又发生了，于是相同的事件再次重演。不愿容忍居民的工作区域不仅给自己制造了一些问题，同时也给另外一方带来了麻烦。

1.2.3　城市空间的游憩功能

除了居住和工作，城市的第三项功能就是提供游憩的场所。从字面上讲，游憩指的是："一种愉快的，并得到社会承认的活动。它有利于个体的恢复，并使之获得休闲体验。"简单的游憩包含有"休养"和"娱乐"两层意思，而广义的游憩则可包括非竞技性的运动、娱乐、户外散步、游览、游戏等在闲暇时间内，在距离日常居住地较近距离的空间内进行的以放松身心、恢复体力和精力为目的的户外休闲活动。

也许游憩的英文"recreation"更能体现它在城市中的真正含义：体力和脑/精力的再生产过程。在城市中，人们需要做这些事情的地方，也需要做这些事情的时间。但现代城市中可以供人们来游憩的地方不但太少，而且也太远了。新建的很多大型游憩场所，比如说广场或者某个公园，常常是要么被包围在干道中间，要么被建在那些根本无法吸引人的区域（比如说商务区、行政区或工业区的中央）而形同摆设，或者干脆被作为规划设计过程中的"填料"而放置于人迹罕至的城市边角。这些地方，人们很难在茶余饭后去散步，安全也是个问题，恐怕也无法放心让儿童独自进入这些空旷的地方玩耍。

而事情的发展有时还不止于此，因为通常那些少数可以使用的游戏场和运动场所占据的街角地址，也多是将来注定了要建造房屋的。这恐怕也是唯一可以解释为什么这些公共空地时常会发生变动的原因。随着地价高涨，这些空地又因为建满了房屋而消失，游戏场等不得不重迁新址。而每迁一次，它们距离市中心便更远了。

1.2.4 城市空间的交通功能

很多学者都曾指出：城市街道的功能不仅是提供交通。马路的边上是人行道，再外侧则是引人驻足的商铺、住宅和小公园——这些都与街道相通（阿兰.B.雅各布斯，2009）。街道不仅是为了汽车而存在，就像城市不仅是为了建筑而存在一样。街道代表了一种城市式的生活方式，街道把城市的各个部分有机地联合了起来。

然而，现在我们所看到的却是另外一种街道的利用方式：仿佛不管什么时候，城市中的大部分人都挤在马路上——不过不是在人行道上，而是在汽车里。在大多数城市的主要道路上，堵车已经成为最常见到的景象，有时候城市道路甚至被挪揄为"超级停车场"。因为车辆造成堵塞，人们便开辟了更多的道路；同时现有的街道也被改造——要么被拓宽、要么被改成直道，宽阔的大道被改成单行线，交叉信号系统也被安装在街道上，为的是能让车辆行驶更快；人们在更多的交叉口设计了立交，而且有的桥梁被改成了双层……可是道路的增加永远追赶不上汽车增加的速度，路上仍然挤作一团。

汽车的拥堵也不是当前城市道路仅有的一个问题，从长远来看——甚至也不是最为严重的问题。它如此受人关注，只不过是因为它与人们的生活太近了。城市道路本应在城市中起到联系的作用，但现在的问题是，它们离这个目标已经越来越远。

城市给道路提供了一席之地，并给它们配备了停车场、加油站，为消除交通噪声还有专用的绿化带。人们为之腾挪出大量的地方，但到最后所有的这些设施不仅没有发挥它们应该发挥的作用，城市自己却被肢解了，随着道路东一块西一块到处蔓延、互不相关，让步行者"吃尽苦头"（简·雅各布斯，2006）。交通干道从2车道宽被拓宽到4车道宽，然后过几年又被拓宽到6车道、8车道，结果道路宽度的增加不仅没有让纵向行驶的车辆走得更加顺畅，反而让两边的行人丧失了安全感。马路对面也许充满吸引力，但是宽阔的机动车道使得前往的路上危机重重，人们必须对此审慎处之。到最后这种态度最终又成为那些房地产开发商决策时所考虑的主要因素之一，城市区块被人工分割，确切地说是被道路分割了。总而言之，道路让城市支离破碎，并且这一影响强大而持续。

因为有了这些交通问题，私人小汽车成为人们责备的对象。但是没有几个人愿意思考为什么我们需要这么多的交通。城市中的富有人群，那些拥有大量汽车消费能力且正在大量消费着道路的人们被指责应该对道路的拥挤负有主要责任——"为什么不人人都使用公共交通？"因此，从更多的汽油消费税到专门为中心城区设计的拥挤税，更多专门针对这些问题的政策被制定。这阻止了一些人购买更多的私人小汽车，但是并没有让他们离开道路上的车辆。

随着城市的扩张，越来越多的人被赶到了城市道路上，或者更确切地说是被挤在车上——不仅包括私人小汽车，还包括公共汽车和地铁。无论是去过北京、上海还是广州的人，恐怕都会对那里拥挤的地铁留下深刻的印象。刘易斯·芒福德在他的经典作品《城市文化》中曾提到过这样一则关于地铁的描述（刘易斯·芒福德，2009: 301）。

"纽约：冥王普路托阴曹地府里的俄尔普斯和欧律狄斯。照片不可避免地带有生动的形象，地铁真实的状况事实上阻碍了照相机的拍摄。在地质层、河流、高层建筑、林荫大道下面的拥挤，找到座位的幸运儿要为适应报纸上记载的各种日常事件而奋斗。对那些站着的旅客来说，地铁就是一座修道院，一个强使人们无所作为和默祷的场所，如果你愿意的话，也可以说是一座游动的监狱。作为日常生活的必要性，接受这种环境也许不再是奇怪的事，就像接受见不到太阳的一天，没有尝到风的味道，没有闻到土地和生长的事物的气息，不能自由自在地锻炼肌肉，不提前一周计划并记在拍纸本上就不能享受天然的欢乐那样平常。总而言之，这种日子没有一个小时可以闲逛，这种情况使亨利·梭罗（Henry David Thoreau，1817年至1862年，美国随笔作家、诗人和实用主义哲学家）感到有趣，又感到害怕。因此，需要虚构的刺激。"

人们大量地依赖通勤——不管是通过什么样的交通工具。据说在广州这个地铁已经很发达的城市，很多上班的人（乘坐地铁），每天仅是从郊区的住处到市中心的工作单位，往来一趟就至少要花费4个小时——这是一件多么可怕的事情！大量的人流不必要地挤在少数交通要道上，消耗更多的能源，制造更多的二氧化碳和酸性气体，同时也在浪费着人们宝贵的休憩时间。

现代的城市以其无比巨大的经济体拥有着令人们无法想象的力量。如今，这些力量掌握在少数城市设计师及其执行者们的手中。他们可以像Alex Proyas执导的《移魂都市》中的那些情节那样，轻易地将成片的建筑和居民从这里挪动到那里——有时候也许只是出于"相信这样会更好"——其中有些发生了作用，有些却产生了与当初设想完全相反的结果。往日相互毗邻、彼此交叉而融合在一起的功能被以集聚效应为借口强行拆开，然后人们便被迫遵循着那些用粗笔在图纸上随手勾勒出来的几根连线往来奔波，从居住到工作，从工作到游憩、从游憩到居住……道路不管建得多么雄阔、数量如何众多，统统都蜕化成为单纯的管道，出行的安全和乐趣也一去不返。开始也许只是一些不起眼的小小遗憾，但是累积之后却会使得整个城市空间的效率降到最低。

1.2.5　城市空间模型

人类自古便有聚在一起从事相似或相关活动的习惯，也许是合作的需求，也许仅是人类的社会性使然，又或者两者皆是。总之，这一习惯也被带入城市当中。相似的活动在某一区域聚集，逐渐形成了独特的城市的空间特征。与此同时，城市的空间格局又是一种如此微妙的城市现象：从表面看，它总在时刻不停地发生变化，但是背后却又隐隐包含着某种稳定的自然规律。因此，城市功能结构理论成为各相关领域的研究热点，而其中所产生的种种理论，已经对城市的发展以及城市土地的利用方式产生深远影响。

在这些研究中，最为重要、同时也最为基本的有三种理论模型（见图1.1）：一是社会学家伯吉斯（Burgess，1925）创立了同心圆模型，二是在此基础上由霍伊特（Hoyt，1939）发展出的扇形区模型，三是由哈里斯（Harris，1925）和尤曼（Ullman，1945）发展出多核心城市模型（Hartshorn，1991）。

其后，虽然也有其他相类似的研究，但究其根本，无非都是以上三种理论的变化和组合。

（1）同心圆模型

同心圆模型是美国社会学家伯吉斯（E. W. Burgess）于1923年提出的城市结构和地域结构学说[图1.1(A)]。此前杜能曾提出同心圆土地利用模式，赫德（R. M. Hurd）和加比恩（C. J. Garpin）提出自市中心向外扩散和沿交通线自市中心向外推进的城市扩散形状。在此基础之上，伯吉斯在研究芝加哥的土地利用和社会特点后，提出了由五个同心圆带组成的城市格局。他总结出城市社会人口流动对城市地域分异的物种作用力：向心、专门化、分离、离心、向心性离心。在五种力综合作用下，城市地域产生了地带分异，便产生了自内向外的同心圆状地带推移。他认为社会经济状况随着与城市中心的距离而变化，并根据生态原则设计了表示城市增长和功能分带的模式。他认为在城市不断扩张的同时，形成了不同质量的居住带，依次向外为：①市中心为商业中心区；②过渡带；③工人住宅带；④良好住宅带；⑤通勤带。

（2）扇形模型

扇形模型集中关注的是城市居住区土地利用的模式。其中心论点是城市住宅区由市中心沿交通线向外作扇形辐射[图1.1(B)]。霍伊特（H.Hoyt）自1934年起收集了美国64个中心城市房租资料。后又补充了纽约、芝加哥、底特律、华盛顿、费城等大城市资料，画出了平均租金图，发现美国城市住宅发展受以下倾向影响：住宅区和高级住宅区沿交通线延伸；高房租住宅在高地、湖岸、海岸、河岸分布较广；高房租住宅地有不断向城市外侧扩展的倾向；高级住宅地多集聚在社会领袖和名流住宅地周围；事务所、银行、商店的移动对高级住宅有吸引作用；高房租住宅随在高级宅地后面延伸；高房租公寓多建在市中心附近；不动产业者与住宅地的发展关系密切。根据上述因素分析，他认为城市地域扩展是扇形，并于1939年发表了《美国城市居住邻里的结构和增长》，正式提出扇形模型学说。他认为不同的租赁区不是一成不变的，高级的邻里向城市的边缘扩展，它的移动是城市增长过程中最为重要的方面。

（3）多核心模型

由于伯吉斯、霍伊特等提出的城市模型所描述的城市内部结构均为单中心模式，而随着城市化的发展，重工业对城市内部结构的影响以及市郊住宅区的出现等新情况的出现都使得城市的空间形态变得更复杂，因此，哈里斯和厄尔曼在1945年提出了较为精细的多核心模型[见图1.1(c)]。多核心模型假设城市内部结构除主要经济胞体（Economic Cells）——即中心商业区（CBD）外，还有次要经济胞体散布在整个体系内。这些胞体包括未形成城市前在原有中心地系统内的各低级中心以及在城市形成过程中的其他（城市）成长点。这些中心地和成长点随着整个城市的运输网、工业区或各种专业服务业，如大学、研究中心等的发展而获得发展。其中交通位置最优越的最后成为中心商业区，其他中心则分别发展成次级或外围商业中心和重工业区。哈里斯及厄尔曼还考虑并认为，易达性所吸引的商业、工业或贫民，本身便有排斥高级住宅的倾向。因为后者的区位因素之一便是要远离这些有碍环境的土地利用。介于两者之间的是中级住宅区。这一模式虽较为复杂，但仍然基于地租理论。它假设付租能力较高的高密度住宅倾向于接近中心点和其他主要经济胞体，但最接近这些胞体的空间却被批发商业和轻工业所占有。由于哈里斯及厄尔曼的模式并没有假设城内土地是均质的，所以各土地利用功能区的布局并无一定序列，大小也不一样，其空间布局图是非常富有弹性的。

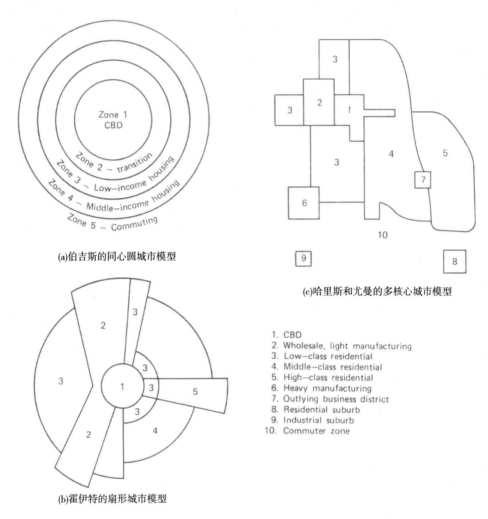

(a)伯吉斯的同心圆城市模型

(c)哈里斯和尤曼的多核心城市模型

(b)霍伊特的扇形城市模型

1. CBD
2. Wholesale, light manufacturing
3. Low-class residential
4. Middle-class residential
5. High-class residential
6. Heavy manufacturing
7. Outlying business district
8. Residential suburb
9. Industrial suburb
10. Commuter zone

图 1.1 关于城市空间格局的三个经典模型

[图片来源：Hartshorn（1991），Interpreting the City: an Urban Geography]

很难在这三种理论中比较出谁优谁劣。因为各种模型归根结底都是根据对某一些城市的观察和归纳而来，因而在现实中都各有其原型。所以这样的比较与其说是较量其理论的高下，还不如说是在试图角力它们所描述的不同城市。如果我们定要拿上海和北京来决出个高下，或者想论证一下武汉和天门下面的某个小镇谁的结构更优，这种做法多少总有点堂吉诃德式的无稽，而且其间会存在无数的争议。但大致说来，这也表明了各个学说都有其片面之处，因此也可算是各有优缺点。例如，同心圆模型的缺点是过于规划且未考虑城市交通线的作用且划带过多；但其成功之处也同样耀眼——它在宏观效果上比其他几种模型把握更好。

事实上，经过许多年的发展，城市从小到大，在经历了种种发展形态之后，已经或多或少留下一些各个时期的印记，再加上许许多多"天才"城市设计师的涂鸦，现在的城市已大多呈现为一种复杂的混合形态——有时候也许仅是几种形式的叠合或拼接；但更多的时候是各种形式各自统治一小块区域，然后这些形式又和更高一层的某种形式相叠加。很少会表现成比较单纯的城市形态。

不管是多么成熟的模型或者理论，在应用的过程中多少总会产生些问题。理解上的失误、执行的困难或者产品设计者与最终使用者个体偏好上的偏差等，都会带来无法预期的结果，更何况其中还无法避免一些生搬硬套、死吞活剥式的采纳。对城市空间结构的理解与管理的效率和理性是如此重要，以至于能直接影响到城市的空间各项功能是否能够顺利实现，而这些又会很快在城市社会经济活动的各个层面上反映出来。

1.3 城市土地利用与效用

1.3.1 城市土地利用

土地是人类一切活动的基本物质载体。原国家土地管理局在1992年出版的《土地管理基础知识》中定义："土地是地球表面上由土壤、岩石、气候、水文、地貌、植被等组成的自然综合体，它包括人类过去和现在的活动结果。"从土地管理角度，可以认为土地是一个综合体，是自然的产物，是人类过去和现在活动的结果。于是对于土地利用，我们就可以有一个基本定义："人类通过一定的活动，利用土地的属性来满足自身需要的过程。"

显然，这是一个略显抽象和笼统的定义。由于人类活动的多种多样，所表现出来的土地利用也必定是一个复杂的过程。我们的土地利用不仅仅只有一种简单和通用的目标，而是带着各种不同的需求、目的以及与此相对应的、十分明确的、具有可操作性和最终满意度的评估。因此，对于"土地利用"这一概念所作出的定义，能最终反映出人们愿意如何使用土地。所以这就有了另外一些更加复杂的定义，例如，土地利用是指"人类根据土地的自然特点，按一定的经济、社会目的，采取一系列生物、技术手段，对土地进行长期性或周期性的经营管理和治理改造。"在此基础之上还可以引申出更多更具体的定义，例如城市土地利用、农业土地利用等。

对城市而言，现在我国较为普遍认同的定义是：土地利用一般是指城市中工业、交通、商业、文化、教育、卫生、住宅和公园绿地等建设用地的状况，反映城市布局的基本形态和城市内功能区的地域差异。城市土地在未经开发建设之前只有自然属性，包括土地的肥沃程度、坡度大小、坡向、土地承压力和透水性等。而经过开发之后，城市用地大致可归纳（GB137—90, 1991）如下：①工业用地，各种工矿企业、车间、工厂、建筑基地，以及厂区内的附属动力、供水、仓储设施和厂区外专用线、专用码头、附属设施和各种排渣堆场等；②对外交通运输用地，包括铁路、公路干线和各种站场及附属设施，港口码头陆域和飞机场用地及附属设施，汽车运输及附属设施等；③仓库用地，为城市生产和居民生活供应服务的以及为国家储备、中转设置的仓库、堆场及附属设施用地；④市政公用设施用地，包括水厂、污水处理厂、煤气站、公共停车场、火葬场等以及城市防洪、排水等工程构筑物用地；⑤生活居住用地，包括中心商业区、居住区以及附属的市内道路、广场、公共建筑、庭院、绿地等建设用地；⑥大专院校、科研机构用地；⑦风景绿化地区，即城市风景区、名胜古迹、文物保护区等；⑧行政机构用地，包括市政机构和驻市国家各级行政机构、社会团体等用地；⑨特殊用地，包括军事、监狱、看守所及外交使团用地、宗教用地等。

一般来说，城市工业用地、生活居住地、公共设施用地和绿地是重要的城市用地因素。

不同类型的城市具有不同的土地利用方式。例如：工业类型的城市其工业用地比重较大；风景旅游城市则绿化用地所占的比重较高。城市土地利用是否合理，关系到城市合理发展、人口容量、城市环境保护和城市建设中节约用地等重大问题，是城市发展的一项重要课题。通过土地利用，人类得以根据自己的意愿改造土地形态并获得效用——当然，当涉及效用的时候，人们有时并不总能对此达成一致的意见。

1.3.2　城市土地利用中的价值追溯

人们在土地上种植庄稼收获粮食，筑造房屋获得居所，铺设道路得以通达……总之，在不同的土地利用过程中人们获得不同的使用价值。所以，土地的使用价值不仅跟土地自身的一般条件（例如土壤的肥沃程度、土地的地质条件等）、人们使用土地的能力（通常受当时的科技条件限制）等因素相关，通常也会跟人们在土地之上所付出的劳动有关。有时这种付出甚至会在土地投入使用之前就已经跟人们对于如何使用土地的意愿息息相关了。

当然，由于脚下的土地无法移动，所以人们对于如何使用土地意愿就常常不仅是靠个人的主观决定，而更多的是由这块土地所在的位置决定的。人们常常会认为应将土地的所在位置归入土地自身的条件因素。这一观点无可置辩，但是应该注意的是：土地的位置条件和诸如"土地肥沃程度"这样的其他由自然生成的条件应有所不同。因为它在某种程度上更多是由后天的人类社会演变形态（例如城市或公路的形成）以及各种社会约定（例如保障粮食安全而设定的耕地保护红线，或者政府限制城市的扩张而划定的扩张边界等）而形成。这种演变或约定改变了土地的相对位置，从而能够让人们在决定土地的使用方式时突破土地原始自然条件的限制。因此，在土地使用价值的实现方面，土地位置所起的作用往往要高于土地的自然条件。例如一块已被纳入城市内部的土地即使再肥沃，人们也无法（其实是不愿意）用它来实现其耕种的使用价值。

土地因为其使用价值的私有化而具备了交换的价值，这一商品化了的价值趋势就是我们通常所说的土地价值。因此，土地价值是从土地的使用价值之上衍生出来的价值形态，但是与土地的使用价值有着本质的区别。从本质上来讲，土地的交换价值就是这块土地的使用价值与人类在这块土地的所有交换过程中所表现出来的那一点点人类智慧的混合体（这里要注意的是：在所有交换过程中所汇聚出来的最终价值形态与在一次交易中所反映出来的交换价值之间有着本质的区别）——这种"小聪明"包括：人们对于土地可产出物的价值的认识、对于土地产出数量的预期以及对未来变化形势的洞察等。这些都使得土地能以其最佳使用价值的估值形式出现在市场（空间）内。从单纯满足个人使用到对土地收益能力评估的转变完成土地价值形成的过程。这种价值通常表现为地租，而在统一市场上，众多行为个体对土地价值的预期涨落则表现为土地的价格。

关于土地可利用的价值，城市土地与农村土地（这里主要指农业用地）在土地利用价值的决定因素上有着根本的区别。

农村土地主要是用来耕作。如果不是作跨区域比较，那么，由于农业生产的特殊性，在绝大多数情况下，从农村土地上所能获得的收益，即使涉及亚当·斯密早期就有所提及的"地租又随土地位置的不同而不同"（亚当·斯密，1972）的论断以及后来杜能（1997）所确定的交通运输等因素的影响（这二者即为级差地租Ⅰ），也仍然主要是由其上所能种植的农产品的种类和数量决定，因此土地肥力越高（绝对地租）其价值越大。或者也可以通过在土地上连续追加资本和劳动力的投入而使得土地的生产能力增加——例如兴修水利或者施肥——这使得土地的生产能力得到提高，从而人们可以从土地上获得更高的回报（级差地租Ⅱ）。以上两者便是李嘉图的粗放耕种的地租与集约耕种的地租之间的区别（斯坦利·L.布鲁等，2008）。而马克思从劳动价值论的观点出发，认为：处于自然状态的土地是纯自然物，因此没有价值，但在交易中发生的地租和地价会形成土地的物质价值；与此同时，人们投放于土地之上的种种投资，即土地资本则最终构成土地的资本价值；而其中后者，即级差地租Ⅱ通常才会成为土地价值差别的根本原因。两种观点殊途同归，构成当前人们关于土地价值认识的基础。

但是对于城市土地来说，情况会稍有所不同。因为在城市土地的利用过程中，人们对于土地的自然属性的要求并不太高。而土地使用者个人对于土地的追加投资收益，如果细加思蹋，也会发现把这些都加诸"土地质量提升"所产生的价值似乎亦并不尽妥。因为对于城市土地的直接使用者而言，人们在城市土地之上所追加的投资，通常大部分会表现为对地上构建物或其他附着物的投入而不是用于土地改造本身。这就比如有一所厂房，当使用者将资金用于更新机器时，我们自然不能将此类追加投资所获得的收益归功于厂房的改善——即使按照马克思劳动价值论的解释，房屋和机器也是同属生产资料，那么土地之上的其他构建筑物亦当如此。从这个角度看，现在我们谈论较多的一些产生于城市土地之上的投资收益，都不如将之归结为对土地应有生产力的发挥以及地上其他物化生产资料的追加投资效益似乎更为客观，否则就未免将"房地产""不动产""地产""物业"等几个概念完全混为一谈了。当然人们对于城市土地几通一平这类的改造不应归入此类范畴，然而，由于这类工程在当代几乎已经成为城市土地所必备的入门条件，相关工作在经过土地的二级市场进入最终的土地使用者之手前就已大多完成——所以对于土地的最终使用者而言，将它们作为在土地利用上的某种可获得收益的追加投资方式似乎也有些勉强。因此，就"通过在土地上连续追加资本、技术和劳动力的投入而使得土地价值提升"这一说法，有区别地对中间的土地开发者和最终的土地使用者分开讨论似乎将更显客观。这样看来，虽然李嘉图的"地租是土地产品的一部分，是因为使用了土地原有的和不可摧毁的生产力而支付（给地主）的那部分"（大卫·李嘉图，2005）定义与基于马克思主义土地价值论的"土地具有自然属性、社会属性，因而其价值也具有二元性"（张红，2005）概念略有相悖，但是对于当前国内绝大多数的土地使用者而言，多少也可代表城市土地价值的那部分现实意义。

对此，作者认为：对于大部分的最终土地使用者而言，与农村土地相比，城市土地的自身质量，甚至包括通过在土地之上追加投资所进行土地自身利用条件改善这部分价值，即使有，也并不那么重要。于是，城市土地的"原有的和不可摧毁的生产力"，亦即其价值的源泉，其最"正确"也最"官方"的解释只能是对城市中相对空间位置的占有关系——或者是"区位"决定了土地的生产潜力。而这种"区位"又可以一直追溯到城市土地的外部性。城市土地的价值由外部性产生，并通过对土地的直接利用而获得改善或减弱。

1.3.3 城市土地利用效用的外部性特征

城市土地利用的本质是对城市空间的利用，与农村土地不同，它所能产生的价值（高低）与土地本身的自然属性没有太多必然的联系。那么城市的土地利用是如何产生功能效用的？其实只要想想邻居的花园是如何让我们愉悦，而每次路过街角的那个灰暗的工厂又怎样不禁令人皱眉，我们就会发现城市土地利用效用中的秘密。从每一个城市的最初形成到现在，城市中每个人的活动，不管是过去的还是当前的，不管是属于公共的还是私人的，都将自己的影响附加于城市这个大环境中。同时也同样是这些活动，成了所有各种城市土地利用活动所构成的影响综合体的受与者（受益者或受害者）。就如同默默遵守了"你施舍的时候，不要叫左手知道右手所做的（词句来自《圣经·马太福音》第6章第3节）"的规则一样，我们这些城市土地的使用者——都参与了或者正在参与着城市土地利用价值的创造——不但创造我们自己正在使用的这片土地的价值，同时也造就了位于城市各个角落的那些我们甚至可能从未曾留意过的土地利用的价值。这就是城市土地利用效用的外部性特征。

所以，如果在城市中的某处出现了一块空地，即使我们在这块土地上面什么也没做，在它的上面也附着有了价值。这种价值的产生也许是因为旁边的一条道路，也许是因为从这里到CBD的距离正好不远也不近……但是这些都只是表象，因为那些区位条件并不像肥沃的土壤一样，是土地天生所带来的、固化的。城市中的位置永远都不是绝对的，因为一块商业地产的所有者，会由于其周围地区居民的搬离而损失他的土地财富，而一个地方之所以旁边会出现一条极有价值的道路，也只是因为城市中许许多多其他地块上的土地利用方式共同表明了：这里应该存在一条道路，否则道路不会建在这里，而是建到了别处。

与此同时，就某一给定期限内的某个具体地块而言，土地上所能够投入要素的最大数量以及其最终的收益能力甚至在一切建设活动开始之前就已经被其用地环境所限定了——也许正因为如此，我们现在才会有了土地评估的需要。一个城市土地的使用者会在条件许可的情况下（即未突破投入正边际效应前提下），通过在各种生产活动中进行连续追加投入（资金、技术、劳动力或者各种物化生产资料）而不断尝试挖掘他所拥有的那一小块土地所应该具备的生产能力，但与此同时他也可能悄悄地改变了一点周围的区位条件，如果这一活动因某种机缘而获得了更多人的认可，那么这也许会带来一些"跟风"的行为。因此，这块土地将来也有可能会获得原有利用潜力的突破（升值或贬值）。但是这与其说是由于在一块土地上对其自身进行了连续追加投入的缘故，还不如说是得益于其背后某种"利他/损他"形式的投资所带来的周边环境变化。因为如果没有周边其他用地活动的配合和互动，在一个独立地块（即作类似于"孤立国"的假设）上即使作再多投入，也不得不接受投入产出边际效应的规则约束，超出部分的投入（即过度投入）将以利益的损失作为回报。

以上两点也就解释了为什么说外部性效应才应该成为城市土地"原有的和不可摧毁的生产力"的价值源泉的原因。

对于某块土地的使用权或者所有权而言，其真正的价值存侑于对该土地的使用所能带来的利息、权利或者占有性行为所带来的关系等诸如此类的利好（Qadeer，1981）。因此，对于一块即将投入使用的土地来说，人们一开始所真正关心的是：通过对这块土地占有权或使用权的获得以及一系列的开发活动，是否能够在某个期限内从这块土地上获得最大的收益（对于卖）或者最好的土地使用价值（对于买）（Wendt，1957；Brookshire等，1982）。虽然人们都能认识到周边土地的潜在利用价值会受到来自他们自身地块上有害活动的制约，并且同时它们自己也会由于是周围其他土地的"相邻地块"而最终受损；与此同时也由于趋利避害的潜在诉求，人们会对于来自外来的利、害影响做出回馈反应，从而鼓励各种利他活动的展开并抵制他人所带来的一些不利影响的扩散，但问题在于这种回馈往往是消极和滞后的，而人们在行事时多少总会带有一些直接的、前置的、使自身利益最大化的内在冲动。因而由此所带来的结果往往是直接的自我增强效益即时可见，但周边环境的改变却总是隐含的——这也许会让区位变得更好，也许会让人们在发觉甚至忍无可忍之前使一些令邻居们生厌的事情一直发生、直到降低整个区域土地的潜在价值——总而言之，不管好的影响还是坏的影响，这种改变都将持续一段时间——几个月、几年，甚至几十年之后都有可能。这也说明了为什么我们在开发城市土地的过程中，经常需要采用一些政策来限制那些短视的开发活动，并对一切有益的活动进行鼓励。

1.4　基于外部性考虑的城市土地利用效用

城市土地利用的外部性反映在由这种土地利用所产生并且对于人们生活、工作或从事其他活动的便利或阻碍，这种影响可能以物质形态存在，也可能仅仅表现为对人们某种心理状态（如舒适度或被感到冒犯）的影响；可能是全局性的，也可能是局部性的；可能是常态的，也可能是偶发的。本节将对那些常态影响，包含人居需求的满足感、人们时常关注的几类全局用地环境以及基于临近性考虑的几种常见因素进行讨论。

1.4.1　人居需求的满足感衡量

这里的"人居需求"指广义的人居，包括居住、工作、交通和游憩四种活动。

从城市对宜居条件的满足要求来看，土地的价值在于其所能提供的整体生存环境的好坏（Miller，1975）。这包括城市物质的环境和人居行为的环境。Truman Asa Hartshorn（1991）将城市的物质环境定义为包括城市生态系统、城市地表覆盖、水面、大气环境的改变（包括空气污染、温度、噪声）等与人类生存相适应的环境，这是由城市自身条件以及人类的综合活动影响决定的。而城市用地活动之间的交互影响则构成人居行为环境，即城市中与人类的居住行为活动息息相关的城市空间结构形态。根据 F. Stuart Chapin（1965）的分类方法，人类生活中与人居行为环境密切相关并形成依赖关系的一切活动，可以细分为以下几大类。

- 收入的创造。
- 子女抚养和家庭的基本生活保障。

- 教育和智力的发展。
- 丰富精神生活的需要。
- 社会活动、休闲娱乐活动。
- 俱乐部活动/集会活动。
- 社会服务和政治行为。
- 与餐饮、购物、健康等有关的活动。

不同利用方式下的土地为复杂的城市人居活动提供了所必需的场所。原则上可供市民日常活动的场所应包括整个城市的区域。然而，实际情况并非如此。对于整个城市来说，这种场所的提供总是分区域的，并不是所有场所都能直接受益于全部民众的活动需要。因为相对于个人而言，绝大多数与日常生活息息相关的活动的需要通常都可以直接从就近的环境中获得，如日常购物、就餐、休闲等活动。即使相同物质要素在城市的不同区域之间存在使用上的补偿价差（对商品化要素来讲，体现为价格差；对非商品化要素来讲——例如对环境的消耗，则指使用费或某种补偿形式）的情况，空间或距离的邻近性也往往仍是人们首要考虑的因素之一。而城市的物质环境与邻近性之间的相关性则更是自然界与生俱来的一大特性。因此，可以认为邻域性是城市整体人居环境（包括城市物质环境和人居行为环境）的一个基本的特征。人居环境的邻域性必然带来人居环境的区间差异性。这意味着在不同区域内不仅会存在城市用地形式之间的差异，而且即便对于位于不同地点的相同的用地形式，也有可能会在人们的意象中产生对土地适用性的不同评价。这反映在土地市场中则体现为土地区间价格的差异性。

（1）环境的感受

不同区域之间的土地利用方式的差异也是城市环境的一部分。这种差异对地价会产生什么样的影响，取决于其上的活动对周边的其他活动（相邻居住区的状况也会对居住环境产生影响，例如建筑密集程度、人口密度、设施共享等）造成的影响，其中也包括人们主观上对这种环境的认知能力和个人满意度等主观因素。环境地点心理学就是专门研究这种人类心理认知和用地环境之间的学科领域（Canter，1977）。在该理论体系中，居民对环境的满意度被定义为对生活在某一个特殊地点所带来的愉悦感或舒适度的体验，它包括三种心理层次的感受（Hovland等，1960）。

- 认知（Cognition）：居民对人居环境质量的感受。这既包括大众层面上的普遍感受，也包括不同个体对其周边环境的特殊感觉。从较高层次上来讲，这种感受也应包括对评判环境质量的各评价因子的感知。

- 影响（Affection）：这是对居民满意度的最重要的组成部分。它由居民所处的环境决定，定义为所处的地点或地点的某种属性所带来的影响的品质。

- 行为（Behaviors）：指多地域之间的活动。这里的多地域指具有特定社会群体特征或人群类别特征的不同区域。当然，这里的社会群体或人群类别是按照人的社会政治属性进行区分的。

当前，在大量关于这类居民满意度的研究中，主要的焦点集中在了两个应用领域：第一个应用的研究重点是将居民的满意度作为一个标准来进行相关的预测模拟研究，从而为城镇规划和市政管理提供有用信息；第二个应用是以居民满意度为指向，直接评价或预测其他相关的城市社会活动的变动或变化，例如进行居民的区域移动性研究或城市的居住选择偏好研究等（Amérigo，2002）。目前，关于这类研究比较集中的一种批评是，所有这些研究都未超出社会心理学的范畴。例如，在Marino Bonaiuto等人（2003）的研究就是一个典型例子：他们对城市邻里质量的测算标准虽然涵盖了高达150项要素，但是最终这些指标都只是被当作城市中人居功能的一个附属特征而几乎未被赋予任何基于空间关系方面的考虑。

（2）功能性的供应

在这方面的研究中，早期的研究者通常基于工作通勤的需要来进行城市布局结构的安排，而形式化和美观的需要往往多于功能的考虑（李德华，2001）。后来对社会生活多方面因素（如交通、卫生、娱乐等）需求的考虑（应该是以1933年8月国际现代建筑学会所拟定的《雅典宪章》中明确提出"居住、工作、游息与交通四大活动是研究和分析现代城市设计时最基本的分类"为主要标志。《雅典宪章》的发表对城市规划中关于城市功能的定义具有划时代意义）也开始为人们所关注，地域人居环境的整体外生需要决定城市结构的思想也逐渐成形。例如，在Stan Czamanski（1973）的研究中就分别讨论了以制造业、居住、零售中心和休闲场所为中心的几个子模型。而近年来的一些研究更深入到了城市土地利用方式空间选择和分配的规则性探讨课题（Chambers，2005；Kinnell等，2006；Santé-Riveira等，2008）。其中还有一些比较有意思的发现，比如说Melville L. McMillan等（1980）的研究表明人们在用地选择时确实存在着对支付一些公共"商品"（比如说"安静"）的意愿方面的考虑。Moshe Ben-Akiva和John Bowman（1998）通过在小范围内进行一项居民参与的互动调查成功预测出整个波士顿大都市圈中民众对城市环境中所有"便利"的最大期望值。在Issam M. Srour等人（2001）的研究中，地点的可达性，包括到工作地点、零售业场所、公园的可达性，被用作住宅的地点选择和价值估计模型中的主导变量。

1.4.2 城市用地环境的衡量

城市用地的环境条件实际上就是地点和位置的特征。通常这种用地环境条件包括中心性、生态的环境与景观、服务设施的可用以及自身的可达性条件等，而城市的地价空间分布与此有关。

（1）中心性

城市地价会随着距城市中心、公共服务设施和环境要素的距离的远近而有所不同。最早在1963年Lowdon Wingo（1963）就指出，必须考虑到要克服这种空间上的隔绝去获取各必需要素所需要花费的交通费用。因此，他建立了以交通费用换取地点开销的或称交通消耗模型，后来在这个基础上产生William Alonso的以CBD（Central Business Center）为核心的"替换平衡理论（the trade-off theory）"（Evans，1987；Kivell，1993）。然而，接近城市的中心并不意味着对于所有的土地利用活动都能获得相同的额外收益，对于有的用地形式（如工业和仓储）来说，如果靠近中心就意味着必须支付同样的交通便捷的补偿费用，显然是不合算的。因此，不同的用地形式对于"靠近城市中心"这一需要实际上并不相同，因此，人们开出的竞租曲线也会根据实际需要而产生差异（Hartshorn，1991；Kivell，1993）。在Maurice H. Yeates（1965）的研究中证明了这种规律的存在，但是同时他也发现距CBD距离的地价替换理论的有效范围只有1.5英里（约2.414千米）。根据现有的经验，城市地价是由多种影响共同作用的结果，即使是某种强势的要素，其明显的作用范围也只能反映在微观的层次上。

关于城市的中心性问题，在城市用地结构布局三个经典模型（即Burgess的同心圆城市模型、Hoyt的扇形城市模型及Harris和Ullman的多核心城市模型）中都有所反映。虽然这些模型都比较简单，但是关于居住、主要交通路线和工业部门布局（包括批发业和制造业）等几种因素的描述是非常有效的。

（2）环境与景观

提高环境与景观状态的就意味着更高的经济价值（Svedsäter，2003；Vatn，2004）。虽然对于来自不同国家不同地区的人们来说，由于自身经济条件以及生活习惯的差异，在对享有的环境方面愿意支付的费用额会有所不同（Moon等，2002），但是这并不会影响对环境与景观经济价值的承认。基本上，可以从以下两方面来认识环境与景观的经济价值：第一，环境和景观可以影响到人们主观上对土地价值的评估，通常靠近较好的环境和较好的景观的地方会使人愉悦，相反则会使人厌恶，这种影响以及影响的幅度在不同的地区会有所不同；第二，环境与景观影响城市地价的另一个方面是生态补偿（amenities）方式的好处。能作为生态补偿的包括开放空间（Geoghegan，2002；Smith等，2002）、城市森林（Tyrväinen，1997；Tyrväinen等，1998）和城市湿地（Mahan等，2000）等。

现在一般的观点也认为工业用地的影响也应属于环境与景观的范畴。有意思的是，早期人们认为靠近工业可以减少工作通勤的费用而增加居住用地的价值，但是现在，工业在生态环境与景观方面的负面影响被越来越多的人考虑到了。实际上对于工业来说，这两者并不相悖——因为环境和景观的影响也需要考虑到影响范围的因素，因此距离工业太近或太远可能都不太好。就各环境与景观要素对城市房、地价的影响范围而言，也有一些研究。比如说，Brent L. Mahan等人（2000）发现1000英尺（约305米）可能是城市湿地对周边住宅价格影响的最边缘距离，JunJie Wu等人（2004）也同样发现城市中1000英尺以内的公园、河流或湖泊会对周边住房价格产生明显的影响。在Liisa Tyrväinen和Antti Miettinen（2000）的研究中，他们根据居住用地到城市森林的距离以及居住地价，测算得出了表示距城市森林的距离和对居住地价影响变化关系的价值曲线。

（3）公共服务设施的分布

从现有的文献资料来看，关于公共服务设施与土地价值关系的研究大多集中在两个方面：邻里的商业零售网点（Bonaiuto等，1999；Bonaiuto等，2003）和教育培训设施（Reback，2005；Chin等，2006）——从我们前面的讨论中可以知道，这些对产业的本地化非常重要。

对周围的用地来说，这些服务设施提供的便利以及是否易达，能起到非常明显的影响效应。Yan Song和Gerrit-Jan Knaap（2004）发现伴随着邻里配置的商业点的数量的和邻近性的增加（即距离的减少）都会显示出住房价格递增的现象，同时他们还发现随着离多层住宅单元的距离的减少，地价有减少的趋势。由此可以推断居住的地价不但与商业设施的距离相关，也与商业设施的服务水平（或人均享有量）有关。在另一个研究里，Yan Song和Jungyul Sohn（Song等，2007）发现距商业网点的有效影响随着距离的增加会迅速的消失，这说明小型商业网点的影响是以微观的邻里效应为主。他们还指出当距离太近时，这种正向效应却反而并不明显。

教育培训设施的价值早已获得公认。Hoong Chor Chin和Kok Wai Foong（2006）都揭示过接近这些设施对于城市影响的重要性。而Randall Reback（2005）发现的一些问题可能对我们当前的工业区研究有着另外一层意义：他发现在接受转校学生的学校所在的街区里，房地产价格通常会低于其他不接受转校生的学校所在的街区中的同类产品。

（4）可达性

可达性意味着在两个不同的用地活动中易于（更便宜或更快）移动的特性。Paul Wadell（1996）认为，"可达"意味着一种关系，这其中应包括活动的需要和阻碍力（时间、开销、居民意愿等）。因此，直接的空间距离并不一定意味着就一定会有良好的可达性。对城市而言，道路网络的状况对可达性的贡献往往具有更为重要的意义（Jackson，2006）。在Greg T. Smersh和Marc T. Smith（2000）的研究中详细讨论了河流对城市可达性的阻碍作用对住宅价格所造成的影响。他们的研究发现，这种可达性受阻的状况通常在架设了新的桥梁之后得到解决，受影响地区住宅的价格水平也随之升高。自然，城市中其他自然的阻碍物（如山体、湖泊等）或人工构筑物所构成的边界（如铁路线等）也会产生同样的效果。

常设商店、绿地、公共服务设施、工作场所等能产生效用的城市要素的可达性通常都是决定城市用地价值的一些重要因素。这种可达性的定义常常取决于受影响人群的经济地位、地区社会生活习惯以及公共交通方式的发展状况等因素。举例来说，在北美国家，由于私人小汽车的普及，花费在购物上的旅程的长度可能就不会如在我国这样，对居住用地的选择显得尤为举足轻重。而在一个公共交通发达的城市的交通对可达性状况的认识肯定也不同于那些没有公共交通的城市。Yueyan Liu（Liu，2003）在她的研究中认为，在中国，通常的步行速度是4千米/小时（67米/秒），而通常的公交速度是25千米/小时（417米/秒）。

1.4.3 基于临近性考虑的几种常见影响

（1）商业设施的便利

在经典的模型中，所有的商业用地都是被假设布置在城市的中心。通常城市的中心也是城市居民的主要工作场所之一。除了城市商业中心之外，大量易接近的邻里商业网点也会对环境地价的提升产生较大影响。在Marino Bonaiuto等人（2003）的研究中，他们按照以下三个等级标准对商业用地的规模进行了如下评价。

- 一般商业用地：邻里可以找到至少一个商店。
- 商业设施完备的商业区：较好的商业设施服务，但是不齐全。
- 商业设施齐全的商业中心：包含有各种各样齐全的商店。

除了良好的可达性之外，通常认为，商业用地的规模越大，商业服务设施提供的情况越好。

（2）毗邻的开放空间

开放空间指在城市内部或城市边缘地区保留大量成片的未受城市现代开发打扰的地区。如纽约的中央公园、维也纳郊区的森林及一些城市中大面积的水面等都是开放空间的典型例子。在城市中，开放空间和各种公共绿地为居民提供了主要休闲娱乐场所，而它在生态学者的眼中则是城市的生态呼吸系统中最重要的组成部分。现在，开放空间现在已经几乎成了城市规划师、环保主义者、开发商等的口头禅。G.Tyler Miller（1975）从可持续发展的角度对此定义为：城市公园、具有保留价值的古迹以及设置在城市之间作为缓冲区并用以限制城市无限制扩张的绿化带区域（Dutt等，1985）。由于开放空间和公共绿地本身就意味着众多潜在的好处（例如美学价值、休闲的场所、接近自然以及生态的意义等），人们就在情感上有接近的意愿，这种情感上的依恋有时甚至超过了它们自身实际能带来的好处。而距离的远近往往能代表享有这空间上的利好的便利或程度（Geoghegan，2002）。在V. Kerry Smith等人（2002）的研究中发现，除了那些直接的好处外，开放空间和绿地景观系统周边的土地利用模式往往也会影响到其自身隐含价值的实现，因为与开放空间毗邻的土地利用方式固定下来以后会对周围环境产生回馈效应。就此看来，如果以其真正价值的实现状况来考虑，城市的开放空间不应该仅仅指绿地、公园、水面、景观等自身空间要素，还应该包括其周边的相关服务和城市设施。

（3）邻近工业的影响

由于早期的交通方式并未如现在这么便利，接近工业区多被视为享有更多工作机会，对于工业区对环境带来的危害则少有人提及。在当时的研究中，形成了一种传统经济学上的观点：靠近工业区越近，交通费用越省，地价越高。对于这种效应的研究结果，由于不同城市的经济基础水平、发展条件的限制，以及传统产业的配置等不同而在当时略有差异。在一些早期研究中，有一些学者甚至认为：一些现代城市是由于工业地点发展的需要而产生的，而居住区是为满足雇工基本的居住需要而在工业点周围建造房屋并渐渐形成的（Jackson，1972）。

随着现代城市的发展，在指导城市用地布局和其他相关研究的观点中，生态学和环保主义的看法逐渐占据上风，人们开始相信工业活动对于其他城市活动的妨碍和对城市环境的危害。这种观点在民众心目中影响深远，并会直接联系到价值评估中对这种影响的考虑。通常一提到工业，人们自然就会联想到令人厌恶的烟尘、噪声、气味、废水、有毒气体以及工业生产中产生的大量货运交通和通勤人流等，甚至还会包括能源的消耗和浪费行为（Chapin，1965）。

除了这些涉及城市可持续发展的物质上的不利因素外，相比其他城市活动，工业活动自身有时还会带有一些内在缺陷需要克服，比如说丑陋的建筑、缺乏美感的布局等，都会让周围的人产生不适感，John Nicholas Jackson把这称为"视觉侵害（visual eyesores）"（Jackson，1972）。

1.5 城市土地利用效用的空间表现形式

对城市土地利用的效用进行评估是一件极不容易的事。通过一些简单而易用的模型虽然可以揭示出一些深刻的含义，但在背后也存在着有失偏颇的麻烦。事实也确是如此——实际上，前面所论述的诸多问题便部分是来源于对模型的搬套。所以贸然讨论这些问题存在着风险，这种危险性可参考近来一些经济学家关于城市房价的讨论，他们从原本中立的经典供求关系中推出一些观点，然而常常轻易就引出无数的诟病。

但即便如此，我们也无法否认存在于以下这两个土地效用模型中的那些真理部分。对现象的归纳和抽象总能揭示出一部分的本质，真正的麻烦在于理解的过程，而不是这些真理的本身——就像武器的发明本是为了保障食物的获得，但是在一些人的手中却成了杀戮的工具。一个开发商、一个现有土地或房屋的拥有者以及一个潜在的购房者的价值衡量标准之间决计差异甚大、甚至相互冲突。但对于城市土地管理者而言，可作的选择只有一个，那就是衡量土地开发所能达到的最大总体福利，并评估对这些福利进行分配所可能造成的潜在影响，然后依此给出决策，而不是为盲目地支持争论中的一方或反对一方而草率得出结论。因此，在城市土地利用的效用评判过程中做出权衡便不可避免，这其中不仅应该包括经济的效用，还应包括非经济的思考。

1.5.1 地点与交通费用的替代平衡

早在1963年，Lowdon Wingo（1963）就在他的研究中发现不同城市活动之间是有联系的，彼此之间在空间上的隔断就产生了交通需求。因此，他认为：一个地点，就其有利于各种城市活动的经济性而言，其价值是由克服这种空间的隔断而需要产生的交通费用来决定的。通过建立交通费用的模型，Wingo得出如下结论：在当前给定的交通技术条件下，如果给出交通费用的计算公式，那么土地的价值就可以依据地上各种城市活动的交通需要而计算出来。他把这种空间差异的经济衡量方法（或者位置的租金）解释为"年均交通费用的节省与最高土地使用费用之间的置换（the annual savings in transportation costs compared to the highest cost location in use）"（Wingo，1963）。这就是著名的交通费用和地点价值之间的替换平衡理论。其后，William Alonso（1964）又将这种理论应用到了具体的城市空间位置上。Alonso发现：各种城市活动主要集中在城市的中心地区，而大量的交通也主要是发生在郊区与城市中心的通勤之间。因此，他认为如果把这种交通的费用平摊到跟各地点与市中心区的距离上，那么就能换算出各地点的土地费用。然后，他也是用交通的费用来解释了各城市用地在位置选择上所体现出的价值特征。

为证明这些理论，他首先假设了如下一个理想的"简单"城市（伯吉斯的"同心圆城市"理想模型）。

• 有一个大城市，只有一个城市中心（CBD）。

- 该城市坐落在平原上，没有地形上的差异。
- 从各个城市到城市中心都可以直接到达，并且从各个方向到城市中心的交通系统都同样有效。
- 有一个完全的土地市场，任何的城市土地都必须完全按照市场规则进行交易。
- 基础设施配备和税收水平全城无差异。

基于这些假设，所有的工作和商业地点都被认为设置在了CBD，并且CBD也被当作城市日常居住活动唯一的目的地。按照Wingo的理论，当到CBD的距离增加时，交通费用也随之增加了。由于在理想城市中交通的费用只与到CBD的距离相关（任何方向都直接可达），土地的费用也自然是由他们到CBD的距离来决定。这实际上意味着当到CBD的距离相同时，土地的费用也必然相同。

通过以到 CBD 的距离来估算通勤费用的方法，Alonso成功地将地价在城市空间中的分布以一种简单而又直观的一维线性模型表现出来——这就是著名的"城市地价会随着到城市CBD 距离的增加而递减"的论断，后来这又被称为"替换平衡理论（the trade-off theory）"（Evans，1987；Kivell，1993）。其后的一系列研究发现：当交通费用成为土地利用有效性的主要考虑因素时，人们自然会趋向于选择距离城市中心较近的地点，由此带来城市中心土地的需求上升。在市场条件下，这自然会引起中心地价上涨，从而最终与交通费用的节约所带来的效益相抵消。因此，人们不得不提高对中心土地的使用效率，这就表现为靠近城市中心的土地效用要高于城市边缘的土地效用。而随着城市中心到边缘的距离增加，地价逐步递减，因此城市土地的竞租曲线看起来就更像是人们愿意根据其到城市中心的距离而支付一定的费用以维持某种满意度，在理想条件下，这个满意度的背后就是交通的费用与土地费用之间的平衡。图1.2表现了这种平衡与到城市中心的距离之间的关系：虽然Alonso的地价沿城市中心向外递减的理论也受到批评说在多中心城市中的作用并不明显（Yeates，1965），但是研究发现，该效应对于城市当中的单个中心而言仍然有效。尤其在传统型的城市中，对于商业来说，接近城市中心往往就意味着更多的人群集中；对于住宅用地而言，接近城市中心就意味着日常生活更为便利，而对工业来说，则意味着可以接近城市设施，并为员工提供更多便利。这种交通消耗的变化往往不仅表现在交通费用上，还包括时间的节省以及长距离交通所带来的舒适度方面的体验等不同层次上的距离认知。

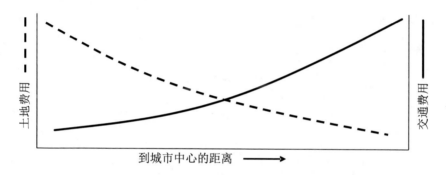

图 1.2　土地费用与交通费用的变化与到城市中心距离的关系

[本图改自：Kivell（1993），land and the city: patterns and processes of urban changes]

在这里我们还需要对此模型的前提有所理解，即地价实际上是与交通上的消耗有关，而不仅仅是关于距离的函数，因为交通方式在这一（地价的空间梯度）效应中所起到的作用也常常非常明显。实际上，发生在我们身后的还有交通方式的变化所带来的更深层次的影响，因为它改变了人们对于交通消耗感知上的变化，因而在现实世界中使得这个模型所需要表达的曲线变得更为复杂。当20世纪汽车进入城市生活并成为人们日常活动的一部分，拥有汽车的人所能够接受的距离体验也得到了极大的扩展，并且这种变化还带来了城市形态的根本性的变化，例如，城市道路网愈加复杂、多中心越来越普遍、人们开始期待更多的开放空间和休闲场所、产业的集中成为可能，等等。这些变化使得城市地价不再像木星的卫星轨道那样表现为围绕城市中心向外一圈圈逐层波动降低。

尽管如此，城市中心作为对地价最具影响力的一个因素，由它所引起的城市地价空间分布的梯度变化趋势在一定程度上仍有体现，不管是从整个城市的角度来看还是仅仅从某个次中心的部分地域范围来看都是如此。只是现在这种体现已经逐渐由从前的单中心往城市外缘显著递减变为大多数情况下的多中心复合影响；从过去沿明显的单向曲线变化变为现在受到多种因素的扰动并更多表现为一种为趋势性的象征。不过，在一些中小城市中，我们还是可以经常看到：强势的多功能综合中心的存在使得地价分布的这种空间梯度性依然显著。

1.5.2 基于竞租的城市土地利用配置

关于城市用地结构与地租关系的研究已有很多，但是几乎所有的这类相关研究都是从Alonso基于竞租的城市土地利用配置模型的基础上发展而来。

Alonso把当时的城市用地形式归纳为商业、工业和住宅三种主要类型，然后发现：在这三类用地上所发生的各种活动对于"接近城市中心"这一条件的需求程度并不相同，因为显然对于不同的活动，相同的位置优势并不一定能够带来相同的获利能力。于是它们的竞价曲线就会因它们自身对中心性的需求不同而表现出差异（Hartshorn，1991；Kivell，1993），而这就在实际的用地位置选择和竞价上表现出空间上的分离。于是就很容易得出Alonso理论中由最高潜在价值的土地利用方式所决定的城市地价曲线表面（见图1.3）。

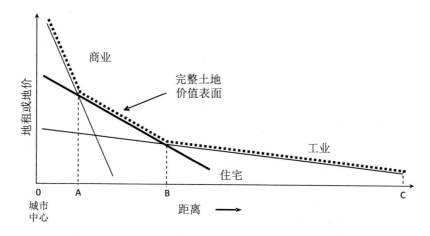

图 1.3 基于竞租的（中国）城市土地利用配置模型

[本图改自：Kivell（1993），land and the city: patterns and processes of urban changes]

在该模型中，地价表面不仅与位置有关，而且还与用地的方式有关，因此，这自然会引起在区位上具有相同获利能力的用地方式在一定程度上的空间聚集。这很好理解，为获得最高的收益，土地必须被用于最佳用途。于是从城市中心开始，到A点的位置大多被用于商业，然后从A点到B点的位置被用于住宅，再往外则是工业。当然，这只是众多理想假设下的一种情况，因为在不同城市发展阶段，商业、住宅、工业三者的顺序可能会发生交换，尤其对于后两者。如果对用地类型进行更为细致的划分，那么这种用地的阶分状态也会更为复杂。例如，同时受实际道路网络情况的影响，空间的实际可达性所带来的交通消耗与空间距离就往往会有实质性的不同。此外，还会受到城市历史传统、地形、城市形态（如多中心）等方面的影响等。但是尽管如此，至少城市中心对于商业的吸引是显而易见的，很多学者，例如，Barry J. Garner（1966）、Brian Joe Lobley Berry（1967）和R. L. Davies（1972）都曾探讨过商业活动与到城市中心距离的关系。在Peter Scott（1970）的研究中，对该课题的探讨还涉及不同类型的商业地租话题。而对于其他类型的用地形式来说，所需要涉及的问题会更多，这在有时候甚至需要针对具体情况具体分析。

1.5.3　城市土地利用（空间）效用的非经济考虑

"地点与交通费用的替换平衡"和"基于竞租的城市土地利用配置"这两个理论揭示了这样一个事实，即人们在作出用地选择时总有其基本的经济衡量。但倘若因此便相信凯恩斯的那双"看不见的手"可以在有各种城市土地需求的经济人群中就此挥洒自如，从而使得城市土地空间资源在每个个体追求自身最大利益的同时自动获得最优化的配置，那这就未免像一个不相信经济危机的经济学家那样过于自信了。功利主义者穆勒说：每个人都有追求最大福利的权利，但是这并不代表有人可以将自身的利益超越于他人利益之上（约翰·斯图亚特·穆勒，2007）。问题是：在城市经济生活的"丛林"里，土地使用者的力量常常相差悬殊，有时光靠道德力量的微弱约束并无法达到这一点。有时候，甚至连一个拥有数千居民的街区的集体声音都无法敌过一个合作住宅开发商的利益时——简·雅各布斯（2006）在她的著作中列举了好几个这样的例子，而在我国各地愈演愈烈的强制拆迁现象更一再重现了这一场景——这就需要外部力量的介入了。这就像是自由经济市场体系中所衍生出来的垄断现象，对城市土地空间资源利用的整体效用水平所带来的负面效应非常显著。因此，对于城市土地总体效用的维护便非常重要，这其中至少应该包括：在关系到利益分配的城市用地配置过程中，保护那些微弱的声音，使之不至于被其他强烈的音符和曲调淹没。

人们关于土地利用效用的需求，就跟其他各种社会需求一样充满了弹性。任何仅仅出于片面考虑的"城市土地利用效用标准"都是危险的。但是在中国当前的城市化浪潮下，似乎一切都无法阻止对片面经济收益的追求作为一个"'核心、力量以及重心都在城市及其影响之外的基准点'，对于城市发展产生越来越大的意义"

（迪特马尔·赖因博恩，2009），这值得人们担心。例如，在开发区的建设过程中，人们就常常对扩大单位土地面积之上的产出指标表现出更大的兴趣，而对相关住宅设施的配套普遍缺乏重视。尤其在现在这样一个房地价飞涨的过程中，很多迹象都显示出：中低收入者在城市土地开发利用过程中的受益（配额）会随着工作环境与居住环境的分离而进一步降低——这些在城市发展过程中造成的影响，直接的如交通问题、间接的如各种社会问题等都已渐露端倪。当然，在不同时期，人们在不同效用标准之间所需要做出的选择倾向会发生变化，这甚至可能在前后两个时间点上产生截然不同的要求。例如，早在1962年，当时著名的建筑师鲁道夫·希勒布雷希特曾表示担心"现在城市建设中住宅建筑有时地位的迅速回摆可能导致经济的片面优先，就像19世纪这种优先不幸地决定了城市建筑的发展一样"（迪特马尔·赖因博恩，2009）——这充分证明了城市土地利用效用标准的制定也常常需要与时俱进。即便如此，那么，就目前的情况来看，我们似乎也不妨这么认为：如果不是那么必要的话（如受到战争或自然灾害等特殊情况的逼迫），我们对于今天关于城市土地利用效用的这些"最大化（或者最集约）"的要求，尤其是对于经济产出而言，也大可不必如此在意了——既然"持续的柔性终将跑赢起初的强势"，那么为以后可能的变化保留一点点余地却也未尝不可。

当然，基于我国目前大多数城市的发展状况而言，我们更需要强调的是：经济收益不是城市土地利用和配置的唯一目的。尽管经济衡量的手段确实能够从某种程度上反映出那些最终所要实现的目标，但是这却不能代表全部的意义。例如，我们应该在城市居民越来越多的情况下，尽量让人们减少除了工作、生活和游憩之外的其他不必要消耗，同时也要保证更高的城市生活质量，并做到节能。这就需要建立紧凑的城市，让人们的各项相关活动紧密结合起来。除非有必要，我们才可以将那些对日常生活有干扰的产业或其他用地内容单独设置，但同时要为此建立良好的联系。但是这并意味着要推翻经济化的土地利用效用规则。坦率地说，以上所论及的这些非经济要求和土地利用的经济配置规则并不那么矛盾，因为宏观的原则和微观的操作之间存在着巨大的区别。而只要稍有留心我们就可以发现，"地点与交通费用的替换平衡"或者"基于竞租的城市土地利用配置"这类规则更多的是在宏观上表现了一种趋势——如果在城市发展过程中没有了这些经济原则，谁知道我们的城市建设会变成什么样？"空间平均主义"的分散城市绝非一个好主意。现在问题的根本不在于那些根据观察和总结现实而建立起来的理论，而在于那些用理论来解释自己的行为、那些在城市开发中掌控话语权的人们。他们把现实的一些方面遮掩住，然后说："我所看到的"（也许在更多情况下是"我所需要看到的"）就是全部——这实际上是对现有理论的滥用。况且经济理论也不是唯一受到质疑的对象——就连埃比尼泽·霍华德（2000）经典的"田园城市"理论，也是从一开始直到现在都在持续地听到各种反对的声音。

城市空间的组织有其自身的规律——经济的或者非经济的都在其中，我们不应该为了纯粹的"创造性"或出于某种想象的"更美好"而刻意去违背它。也许弗雷德·安格雷尔和F·冯·布兰卡在设计海德堡埃莫特斯格伦德住宅区时的想法在这里是个不错的思路："我们要设计出一个具有城市特性的城市，而不是一个城郊。我们不想建造通常的住宅区，而是要建一个紧凑的、密度较大的结构"（迪特马尔·赖因博恩，2009），只不过就本书的主题而言，此时我们应该把"住宅区"换成"工业化的开发区"而已。

1.6 小结

城市的发展已历时千年，城市功能从简单变得复杂，但其中的本质却并未发生太多变化。正是人类的聚集和生存发展的空间需求引来城市化的一浪浪高潮。人类社会自身的发展程度，无论是人口的增加还是社会（生产和生活方式）的进步，都往往对城市的发展起着决定性作用。这一切使得城市的空间功能注定为现在人们所熟悉的居住、工作、游憩和交通四大功能。城市的密度、场所的布局以及城市用地功能的合理与否无不与能否更好地实现这四大功能息息相关。城市的土地利用形式在空间结构表现上也日趋复杂化，以至于现在已经没有哪一种城市空间模型能够独立做到足以完整地表达当今复杂的城市用地形态。

对城市土地的使用会产生效用。但是在城市空间中某块土地所能产生的效用不仅来自于对它自身所进行的开发利用，因为更为重要的土地初始价值——决定了这块土地将来能够如何利用及能够利用到何种程度——是来自于周围的后创环境。与此同时，人们在土地使用过程中所产生的外部性影响也能构成价值溢出而参与到城市区位性效用（价值）的造就。不同类型、不同程度的人类活动也因各种活动之间的相关关系而形成不同的外部性影响，这种影响通常从全局到局部都有反映——全局的影响有中心性、环境与景观的影响、公共服务设施的分布以及可达性等，而局部的常见影响则通常都会包括商业设施的便利、毗邻开发空间以及临近工业影响等。因此，对于土地利用的外部性效用应做多角度的衡量。

虽然城市土地利用效用的外部性特征使得城市空间形态变得极其复杂，但是城市内在的土地利用规律倒也并非完全无迹可寻，因为经济力量在城市土地利用空间配置的推动和制约作用已经变得越来越能重要。但是我们也应该注意到：虽然经济的影响力无比强大，但是经济动力并非城市土地获得最大效用的唯一决定因素。一个城市土地利用效用的持续发挥要求人们从空间上对城市的各项社会经济活动做出有序的安排，并通过城市用地结构的优化来最大限度地满足人们各种生产与生活的需要。这需要人们在城市土地利用方式（包括用地方式和用地强度）的协调和配置工作上注入更多的理解、合作和智慧。

　　城市土地的利用所涉及的不仅是土地自身的开发和利用问题，它同时也涉及区位价值的重构甚至城市整体效能的发挥。因此，如果想要从城市土地（利用）效用最大化的角度来实现城市土地的集约利用，我们最好从城市空间综合效用的提高入手来进行考虑。

第二章 结构功能视角下的城市土地集约利用

城市正处于人类社会发展的风口浪尖。现在全世界50.5%的人都生活在城市里。城市人口呈爆炸性增长，仅孟买一城就达到了1900万。世界上千万人口的大城市，从1975年的5个增加到1995年的14个，估计2015年达到26个。但是在1800年，世界上只有伦敦一城的人口突破了100万，成为当时世界上最大的城市。1960年，地球上有111个城市人口超过了100万，而到现在，根据联合国最近的人口统计数据，这一数字已经超过了300个。美联社2007年的一份报道中称，2030年城市居民人数将可能攀升到50亿人（托马斯·弗里德曼，2009）。但城市的增加是有限的，城市的扩张也越来越受到来自周边农业土地拥有者、环境保护者等各方的阻力，因而就如同地球必须养活越来越多的人口一样，城市也不得不在有限的空间内容纳更多的居民以及他们的一切生产生活所需，城市土地的集约利用无可避免。

而土地的集约利用也不是一个新课题。早在两千多年前，我国的古代文献便已有对集约经营思想的论述。在农书《齐民要术》就提曾到："凡人家营田，须量己力，宁可少好，不可多恶。"先人从古老的农业生产经验意识到了土地的经营不能广种薄收，宁可少而精，由此表达出精耕细作、集约经营的思想；明代《沈氏农书》更指出："以二亩之壅力，合并于一亩"，可以"一亩兼二亩之息"，意指提高单位土地面积的投入，可以取得更好的收益。而近代的西方经济学的相关理论和大量的社会实践需求更为土地集约利用研究的发展提供了肥沃的思想土壤。

农业生产活动一向都能大致满足传统经济学中简化过的封闭环境假设，因而以内化的投入产出计量为指标的土地集约利用概念在其中获得了良好的应用。但是能否将它照搬到以外部性效用为特征的城市土地利用价值的挖潜？本章将对此予以讨论，然后结合功能主义的观点提出城市土地集约利用，并在此基础上进一步提出城市土地集约利用的模式化析构方法。

2.1 对当前几种土地集约利用的概念回顾与讨论

2.1.1 当前几种概念的来源与发展

关于土地集约利用的一般概念其实就是农业土地集约利用的概念。现在国内一般认为，该概念是从李嘉图（2005）的"集约耕种地租"开始确定基调，而相关经济学理论的发展则为该定义的完善提供了帮助。对此目前已经基本上不存在太多争论。具体来说，该理论可分为三个部分。

（1）基础部分：李嘉图的原始定义

是指在一定面积的土地上，集中地投入较多的生产资料和生活劳动，使用先进的技术和管理方法，以求在较小面积的土地上获得高额产量和收入的一种农业经营方式。

（2）根据不同投入品分类的定义分解

起初穆勒将生产要素初步分为土地、劳动、资本，而后马克思又将生产的物质力量进一步阐释为技术、资本和劳动力（斯坦利·L.布鲁等，2008）。虽然后来经济学家们对于生产要素的分类也多有阐述，但是这两种分类已基本构成当前人们对生产投入品分类的基本理解，其后的各种分类都没有从实质上超出这两种定义所圈定的范围。因此，现在一般的土地集约利用（主要是农业土地集约利用）通常又被进一步分类为劳动集约型、资本集约型和技术集约型。

（3）由边际理论衍生而来的改良

边际效应的发现为经济理论的发展带来革命性影响。人们很快发现也可以将此理论应用于土地，说明土地利用也具有报酬递减的规律，因此可得出"土地利用集约度的提高是有限度的"。这一结论正好和中国古代的普遍哲理"过犹不及"吻合，因此很快为国人所广泛接受。

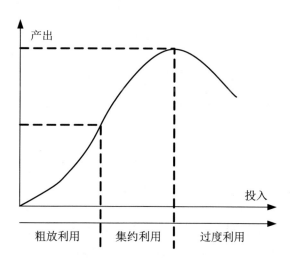

图 2.1　粗放利用、集约利用与过度利用

[本图修改自：王家庭、张换兆等（2008）《中国城市土地集约利用：
理论分析与实证研究》]

有学者据此提出将土地利用的过程分为"粗放利用""集约利用""过度利用"三个可能的阶段以及土地集约应适度进行的观点（如图2.1）。而至于何谓"过"、何谓"适"，因为可以在不计农业生产的外部性的前提下用投入产出来进行计算，因此对此也没有多少疑问。

因此，当前关于城市中的土地集约利用的定义，可主要归结为如下几种观点。

第一，将土地集约利用的一般概念照搬到城市是最简单方便的做法。该方法虽然可能不能被称之为"合理"，但是却具有可操作性强的明显好处。因此在早期的城市土地集约利用评估或实施方案中，人们通常会选择在此方法上稍加改良便予以应用。改良的方式有：加入更多的指标（如人口密度、建筑物密度等）、作不同类型用地的投入产出计算及采用一些更为复杂的投入产出计算方法等。

第二，显然，以上做法是不能令人满意的——至少从理论上来看。因此，就有了很多概念上的补充。例如，有学者加入了城市土地利用结构的优化调整或者城市土地三维空间的合理利用等内容，从土地利用结构、布局的合理等方面来解释城市土地集约利用（宋吉涛等，2006；郑新奇等，2008）。也有学者从不同空间尺度出发，认为城市土地集约利用包括宏观、中观和微观三个层次——当然，关于这几个层次的划分也略有争议。另外也有观点认为应该从综合效益（经济效益、社会效益、生态效益）最大化的角度来考虑城市土地集约利用的问题（杨星等，2005；梁红梅等，2008；谭峻等，2008）。因为三大效益可以进一步细分，因此又产生通过（城市人口增长、城市经济增长、产业结构调整、空间结构调整→城市土地集约利用达到初始均衡→空间结构再调整→城市土地集约利用达到新的均衡……）这一动态过程不断逼近最佳集约状态的渐进集约观点（王家庭等，2008）。

第三，另外也有一类观点是对欧美的"精明增长"的借用，这常常表达为以公共交通为导向的开发（Transit-Oriented Development，TOD）模式为核心的用地结构改良建议。

2.1.2　关于当前几种城市土地集约利用概念的思辨

当前关于土地集约利用的一般概念的基本出发点是："土地生产是一个封闭的过程"——亦即它不会对生产以外的世界产生影响，并且除了生产性投入外也再没有其他因素作用于此过程。这是一个传统的经济学假设条件，其好处是概念结构清晰，便于推演说明，但同时基于这样一种假设之上的概念体系的（不完整）缺陷也十分显然。对该缺陷所可能带来的局限性问题可列举如下。

局限一：影响边界问题。在土地利用的行为中深深嵌套着不同层次的人类社会关系，同时在土地利用过程中多少也会与外界环境产生某种形式的物质能量交换。一块土地如何用、给谁用以及土地利用程度的变化都会对生产边界以外的世界产生影响——这种影响常常会反映于土地所在地理范畴内的边界外延，并反馈到这块土地自身的利用。虽然"集约"表面上表现为量的累加，但是土地的"可"利用程度显然并不仅仅取决于其自身的生产潜力，更要受限于其所在的周边环境。无论如何，由土地利用方式选择（包括用途选择和利用程度）所带来的外部性影响不应被忽视。

局限二：市场客观性问题。虽然没有明确指出，但是显然出于该基本假设的投入产出是以市场价值（包含劳动力投入、技术投入）为衡量基础的。但是，即使在此体系下，实际市场环境中的价值衡量也并非唯一和客观。例如，美国的机械化农业生产是以高投入高产出基础的，从美国农民的高人力成本、低石油价格角度看，这种模式是投入产出高效的，因而是"集约的"，但是对于我国农民来说可能情况并非如此。在现实世界中的市场环境也不是均一的。

局限三：伦理正义性问题。嵌入于土地利用行为中的人类生产关系常隐含着不同程度的利益冲突，土地作为重要生产资料，其集约利用程度的变化有时会加深这种关系。在土地集约利用过程如何衡量那些个体的利益和偏好？如何在这些个体利益和偏好的基础上尊重那些普世的理性、公平和正义？简单而封闭的生产环境假设抹去了现实生产关系中的角色差异，因而无法在土地利用中体现对伦理正义的衡量。

局限四：时效性问题。一种土地利用行为可能从当前环境条件下看是集约的，但是从长远看可能又不一定集约。例如，在海外屯田方面的投入、引进高产的但是不可自我繁殖的转基因作物等。

从此处出发，便不可避免令人对当前主流的几种土地集约利用定义产生疑问。

关于第一类定义，显然第二类定义的出发点就是出于对一般土地集约利用观点的纠正，在此不再多作赘述。

而关于第二类定义的第一则思辨是：虽然从表面看这些概念似乎越来越完善，但在这其中却难免有"由大全而泛泛"之虞，并且这种"泛化"的思考方式可能将对城市土地集约利用的判断引入某种目标虚无主义。谈到"泛化"，教育学家洪堡曾经将University的含义从"行会的大学"故意曲解为"一般性的大学"来进行阐述——这是作为一种手段来诠释突出他所倡导的"大学精神"。但是这并不代表着我们也可以莽撞地把"一般性"作为一种标准答案而费尽心力来为此进行旁征博引、词语修饰。此外，出于逻辑一致性方面的怀疑还可产生第二则思辨。因为在这些观点中，均普遍试图产生关于某类型城市土地集约利用的某种终极版本——即使在这些终极版本的阐述过程中，人们同时在使用几种不可能融合的，甚至是相互矛盾对立的子目标（如生态效益和经济效益）。这是一种逻辑上的自我矛盾——这可能也是当前人们在实际工作过程中制定土地集约利用标准时面临的主要困扰之一。

第三类定义是出于"规划"的思路而带有可操作性方面优势，并且其出发点也是基于土地的外部性考虑，因此关于其立意本身较为先进。但是若以"优化"全面取代"集约"，在我国当前的国情之下恐怕还暂难以适用。中国和美国"精明增长"提出时的国情不同、目的不同、标准也不一，因而不能简单套用。首先，中美两国城市人均土地拥有量也不同，中国忧不足，美国虑过剩，因此两者在制定政策的过程中所考虑问题的方式也不一样；其次，策略目标的不同。"精明增长"是为了解决美国在逆城市化过程中所面临的：城市建设良好，但人们却利用私人小汽车的便利而离弃城市，从而导致城市蔓延、基础设施使用浪费等问题。"精明增长"的具体目标和手段是：①"断面规划"和控制城市增长边界，保护城市外围的开放空间；②填充式开发和再开发，提倡步行区域和公共交通，充分利用现有基础设施；③发展权转移，鼓励在基础设施完善、发展潜力大的中心城镇发展，实际上这也是为了充分利用现有的基础设施。因此，美国城市是重在改良而不重标准，只求节约和控制。而当前中国正处于快速城市化时期，所面临的问题是需要在发展中求得一个能循序渐进的标准来规范城市建设，从而少走弯路。这是两者之间的最根本区别。在用地改良基础上提出的解决方案不完全适用于量的控制，这也许正说明了我国存在着规划部门和国土部门之间的职责差异的真正原因所在。

2.2　城市土地集约利用概念的功能主义解析

2.2.1　关于城市土地集约利用内涵的功能主义理解

城市土地之上的各种活动并不是孤立存在的。在同一块城市土地上，其可利用性可能会受到不同（直接或间接、早期或后期）投入者的影响，并且不同投入者对此块土地上的相关活动也会存在不同的收益期望，因此客观上讲，世界上不存在某种绝对的土地集约利用。与此同时，人们对于土地集约利用的认识也有先验知识和后验知识之分。对过去某一行为的评判是后验知识，这可以通过对一些状态的比较来获得。但是对于将来某一类行为是否集约的判断则需要先验知识——这通常很难获得，因而只能根据后验知识边探索边调整。于是就存在这样一种可能，即目前的土地利用是集约的，但不代表将来这样的利用方式也一定集约。这进一步证明了城市土地集约利用的理解方式具有内在的弹性。

因此，城市土地集约利用的评判标准只能是：在某项土地投入意向中或者在进行土地利用方式的某种改变（如改变用地方式或增加用地强度）时，通过对其中涉及的不同相关者利益的协调和部署，从而使得土地收益增加并更趋于可持续。问题在于无限的"协调"并不总能代表最"优"。对此，在斯宾塞的《社会静力学》中，恰好有这么一段关于"协调"的精彩论述可用于该观点的证明："取消人们在一个方面的机会，而在另一方面增加他们的机会，在最佳情况下也要伴随一种损失。"因为"一个社会经由其政府做出某些成果所使用的力，并未因行政机制而有所增加，却在摩擦中消失了一部分"（赫伯·斯宾塞，2008）。这就使得城市的土地利用总是无法达到绝对集约——因为纳入目标越多，中间协调过程损耗就越大。土地利用当中包含了太多不确定的"谁投入–谁受益"和"投入什么–产出什么"之间的均衡，因此，无法保证所有人对于集约的努力总是同时朝着同一个方向同时努力。

不管城市土地集约利用的概念多么复杂，它的提出总要做到主体具体，目标明确而又可操作。而且毫无疑问，城市土地集约利用终究是一个关于投入产出的问题——城市土地的集约利用就是关于城市土地投入产出的优化，其目的是通过有限的投入活动而获得最大化的土地利用价值。因此，虽然我们无法从绝对的集约上获得某种"标准答案"，但是，如果从以上思考角度出发，那么就能够产生一些有用的"解题思路"——因为我们可以根据已有经验对当前土地利用功能进行改进——而只要情况有所改进，那么即可算作集约。所以，对于城市土地的集约利用，我们需要做到的就是：在诸多投入产出诉求的组合中，求取一种对城市长远发展相对有利的方案，从而使得土地利用能使尽可能多的参与者获益，并且可持续；与此同时，集约也应能体现出早期投入者和间接投入者的利益。

既然谈到投入产出，那么我们就必然涉及谁进行投入、谁获得产出。真正的城市土地集约利用必然是针对具体的评判目标而定，其中需要涉及的问题就应该包含：投入什么、产出什么、谁投入、谁受益，以及如何衡量（这四者之间的关系）这五个要素。其中，前四者是城市土地集约利用评判的基础环境，也就是城市土地集约利用内涵的静态素材池，而第五个要素则是在此基础之上做出的具体决策依据。

2.2.2 关于城市土地中的投入关系理解

（1）城市土地投入的内涵

在经济学中，投入（Inputs）指的是生产物品和劳务的过程中所使用的物品或劳务（保罗·A·萨缪尔森等，2008），投入是为了更好的产出。同样，人们在城市土地利用的过程中加大投入也是为了更好的土地（空间）使用效率，以提高人们的生活和生产条件。

而如前所述，城市价值的根本源泉来自于其外部性，因此用于城市土地价值形成的投入品的边界是模糊的。如果单纯从个体土地使用者的角度来说，在城市土地利用过程中，对于如何准确获知能使其自身利益的最大化的最佳投入数量似乎很难把握：因为从短期而言真正有利投入极有可能变为"为他人作嫁衣裳"，而各种相应行为（好或坏）回报预期的不可确定，则更使得从个体角度进行评估的土地"投入–产出"极不可靠。所以有效的城市土地投入必须在超越"个人"投入回报而从"集体"互惠的角度予以评估。也就是说，"个人"的有效投入必须在该投入受惠者（或受害者）处进行溢值的补偿，从而使得城市土地利用关系场景中的每个投入者的利益即使在短期内也能通过某种"有效交换"的规则获得保障。

因此，作者认为，对于城市土地的有效投入应包含三个方面的内涵：第一，该投入能有利于土地的产出；第二，该投入是综合有效的，即投入不仅满足该土地利用自身的产出，并且也能满足周围其他土地利用者的产出，或者至少要能使总的负（即有害的）产出不能抵消总的正（即有利的）产出；第三，该投入对其他土地使用者的产出效益的溢值能够在那些受惠者（或受害者）处获得交换，如果这种溢出不可计量或不可交换，那么至少也应能满足外部负效应溢出趋于极小化，或者该土地投入者自身的投入产出不会受这种溢出效应的影响（否则将影响土地投入者的热情从而使得投入不可能产生）。

总之，有效的城市土地投入既是能够超出一块土地自身收益考虑的投入，同时也应是具备可交易形式的利益关系的投入而不仅仅出于某种高尚（而抽象）的利他动机。从这一角度来看，每一块土地上的总投入都必然会涉及不同投入者的偏好选择的影响，即使这种偏好只是通过某种间接的方式予以反映。

（2）投入中的可量化要素

总体来说，能够投入在城市空间内的要素应该包括人类（物质+环境+社会）生产和再生产所需要的一切要素，其中可量化的大致有以下几类。

①使用中的土地：包括土地的空置、使用强度、密度等。

②技术资本要素的投入，包括：企业购买专利、先进设备等的投入占比；科技人员的引进费用占比；企业或地方用于对技术研发的直接支持率（例如配套经费、地方税收的减免等）、对大学的各种形式的资助额度及比例、总投资中的设计费比例、技术创新与技术改造之间的投资比例等。

③资本要素的投入，包括风险投资注入占比、企业上市率、单位用地固定资产投入、地均及人均基础设施建设投入（或基础设施配套率）等。

④劳动力要素的投入，包括职工工资总额及人均数、职业技术培训的投入、医疗教育覆盖率及人均投入、工资与福利的占比等。

⑤用于情感及信任要素的投资，实际上这也可列入劳动力要素的一个分支，应包括住宅与商业配套情况（各种人均）、工会覆盖情况、慈善与地方社区服务的（人数及来源）比例、本地与外地员

工比例、本地基尼系数变化、职工家庭构成变化等。

⑥其他可量化的社会与环境成本，包括人均消费的通勤时间（以通勤距离和公共设施状况估算）、犯罪率（以案件数即用于犯罪治理的投入）、环境整治投入及绿化投入、碳排放等。

（3）可量化投入的比例

应包括数值上的横向比例（企业与企业平均数比例、企业和地方投入比例等）和纵向比例（不同时间的投入比较，如增长率或弹性系数等），以及空间分布上的比例。

（4）不可量化的投入

包括：人们投入学习的时间与精力；地方、企业或个人损失的机会成本；其他不可知成本；等等。

2.2.3　关于城市土地中的产出关系理解

（1）城市土地的产出内涵

城市土地的产出内涵可从以下五个方面来理解：①通过对城市土地的投入，可以产生效用，这种效用既包含内部性效用，同时也必定包含外部性效用；②内部性效用通常是即时的，而外部性效用有时却是长期的；③内部性效用通常是可计算的，而外部性效用有时却无法计算；④内部性效用通常全部为土地投资者所享有，外部性效用主要使其他人或其他用地受到影响，但同时外部性效用也会部分反馈；⑤通过对一块土地进行任何形式的有目的投入几乎都可以产生人们所期盼的正的内部性效用，但是外部性效用却可能是负的。

（2）产出的领域分布

在城市的土地开发（集约）利用中，通常不存在土地的自然产出。因此产出依据投入的领域分布，即在哪里投入，在哪里产出。例如，有的企业生产造成的污染应该计入该工业的产出（的外部效应），而不应该计入环境产出。

在这里的一个基本观点是：土地集约利用通常带有明确的评估目的，因此，评估的应用对象通常也就是讨论的领域，亦即，就事论事评定某项活动所产生的一切后果。其他领域的投入产出不应作为抵消本领域（坏）产出的依据，本目标执行过程中所产生的对外（坏）影响应在做出补偿后从最终产出中予以扣除。

（3）产出的内容

城市土地产出的内容大致可以从生态、经济、社会这几个方面去考虑。根据前文的讨论，这里将城市土地利用的产出归纳如下。

①土地利用主导性目标的实现：土地是有目的的使用，因此用于土地投入的策略是否集约，应以土地利用的主导目标是否实现为首要标准。如住宅区应以与居民安置相关的相应指标为标准，而高新技术开发区则应将企业的技术改造率、外资吸引率等纳入标准。

②城市土地的容量或产量改善：单位土地的人口数、经济总量、物品总数（如提供的住宅套数），等等。

③各项活动的便利性获得：相关活动的配套性指标、相互接近程度或在减少交通时间和交通费用方面有所改善。

④社会、经济的持久稳定性：人口、产业、职业等的更新率或维持时间（平均或分段统计）。

⑤多样性的维持：评估范围内各类（相关）用途、形式或其他内容（如从业人口的构成）的比例。多样性考虑借鉴于生态学观点。

⑥其他环境指标的改善：碳排放、水质、空气质量等监测指标或变化率。

⑧社会环境的改善：如就业率、基尼系数等。

（4）投入与产出不重复

值得注意的是，如果不考虑具体的评估需要，那么在投入中出现的大部分指标也可以在产出中出现。因为从某种程度上说，投入的减少亦即意味着产出的增加。但是在同一评估体系内，同一项目的增减不能既作为投入指标又作为产出指标同时出现。

2.2.4 关于城市土地的潜在投入者关系理解

（1）投入的原始目标持有者

"土地集约利用"是"土地利用"的递进，人们支持土地的集约利用，是因为通过土地的集约利用能够增强或促进土地利用者初始目标的实现。

不同（土地）投入目标的持有者对土地产出的预期也不一样，例如，生态范畴内的各种效益往往并不会反映在一个工厂所有者的初始利益索求之中，但在一个城市管理者却是所关注的重点——必须承认这其中的合理性。

同时，我们也应考虑：一块土地上所涉及的投入目标持有者可能不止一个。城市土地投入是一个长期而外部性很强的过程，如果那些早期的或者带有强烈外部性特征的投入并非出于无意识，那么其特定目标的实现与否也应被列入考虑之列。而不同目标持有者之间的潜在利益冲突常常是问题的症结所在。

（2）土地利用的投入者分布

①土地现实权益（如所有权、使用权等）的拥有者。他们做出投入或扩大投入的决策通常是出于使自己收益最大化的考虑。这种利益带有主观性和排他性，有时会和其他土地所有者利益、甚至和全局利益产生冲突。

②代表城市的城市管理者。他们自己并不拥有某块具体土地的利益（即使有，该利益也不能影响到决策的制定），因此他们代表追求的是城市整体功能的最佳发挥，这种利益带有普惠性。

③中间层（如区级）的管理者。他的目标介于单块土地所有者

和城市总体决策者的利益诉求之间，即一方面他希望管辖范围内的土地利用协调达到一个总的目标，但另一方面也可能会和处于同层次的其他地区之间存在利益分配的诉求。

④生活在城市中的居民共体是所有城市投入的间接来源。他们一方面通过纳税、服务性活动为城市发展的整体环境提供持续的投入，另一方面也通过自我服务的土地投入项目以及其他城市的运行过程的参与来对城市产生影响（但是在这里不一定总是正收益）。一般来说，地方决策代表城市居民的整体的、长远的利益。

（3）投入者关系

①先投入者和后投入者：城市建设是个连续的过程，因此存在先投入和后投入关系。

②直接投入者和间接投入者：城市土地使用者通常是直接投入者。但是由于他们也常常只关心内部性收益而忽视外部性影响，因此城市土地利用的外部性就需要通过一个相关市民群体（间接投入者）的代理人来实现，这个代理人就是城市管理者或者中间层的管理者。代理人一方面以接受市民监督（公民参与）的方式代理决策事务并代为执行，此时代理人常表现为直接投入者；另一方面他们为保证投入的质量，也会寻找二级执行者，如规划设计承包商、工程的承包商、开发商或分包任务的企业（通过产业支持）等，于是在一些情况下代理人也有可能会表现为间接投入者。

2.2.5 关于城市土地（投入）的受益者关系理解

（1）通过投入获得收益者

①当前投入者受益：如果没有预期受益，那么当前目标持有者就不会有投入的激励。因此，原始目标一旦被确定为"需要"，那么其利益实现应首先得到保证。

②所有投入者受益：城市土地的价值并不是通过一种或某几

种孤立的活动而产生，因此，在"土地集约利用目标"的制定过程中应理解不同投入者尤其是那些间接投入者和早期投入者的存在。理顺、协调不同投入目标持有者之间的利益关系，而不是在主观上"和稀泥"，更不能以一种利益压制另一种利益。土地集约利用应努力为所有城市土地价值创造的参与者都争取到最大利益。

（2）城市土地开发溢价的受益者

①后来者受益：城市通过历代城市居民的长期努力和积累而形成。因此对于一个新到者而言，即使他在这块土地上没有过多投入，常常也可以无偿享受已有土地投入的"利息"，这也是城市不断发展和进步的体现。

②适应者同受益：如果某项土地利用的初始目标与其他现有土地溢价创造者的目标相适应（即不产生抵触的利益关系），则他可获得共享收益。如果发现其目标与其他现有土地溢价制造者的目标存在冲突，则应该通过市场和激励的方法（如确定合理的经济补偿或实物补偿）促使其重新确定初始目标。

2.2.6　城市土地集约利用的衡量

关于城市土地利用"是否集约"的判断，本文提出应包括四组前后有序且各有侧重的原则与发法，它们分别是：绝对判断原则、相对判断原则、各原则的综合实现策略及城市土地集约利用衡量的执行原则。

（1）城市土地集约利用的绝对判断

所谓绝对原则，意为："满足即集约，不满足即不集约"。它应包括以下几种。

①更优即集约原则。当通过一种投入目标的实现能够使土地利用获得更好的投入–产出效益时，则此目标的实施为集约。

②普惠即集约原则/普害即不集约。即使对某种土地利用方式的

投入不能产生其直接的效益，但是如果通过这一投入目标的实施能减少他人的不可量算成本或增加他人不可量算的收益，那么这一土地利用目标也是集约的。

③低碳即集约原则。生态节能是不可测收益，因其目前受到的广泛重视，为求共识，因此低碳即绝对集约。

④不可替代即集约原则/缺乏即不集约原则。集约不集约不能仅仅从局部看，更要从大局看。能促成功能完整者即为集约，功能不完整者即为不集约。

不可替代原则与普惠原则为互辅原则。

（2）城市土地集约利用的相对判断

相对原则是指：在诸多目标中，"两者权衡取其利"的各种原则。它包括以下几种。

①前景可预原则。投入是为了获得产出。如果产出前景不可预（而非不可测），则不可算集约。

②比优原则。如果投入目标可通过不同方案来实现，则比较取其中产出效果较好的方案为集约。

③互惠原则。如果在投入目标的实施中涉及他人（如外部性明显），则以取能与他人互惠的方案为集约。

④可补偿原则。如果投入目标的所有可实施方案都无法与他人建立互惠，则以他人受损利益可补偿为集约标准，并且此补偿应计入本次（投入产出）目标实施效果的最终计算。

可补偿的最低标准应包括等量、等价、等效。

⑤长期目标优先原则。在不违反以上原则的前提下，有长期目标的土地利用/投入方案优于没有长期目标的方案。

⑥不可量测因素优先原则。有些因素不可量测是因为影响范围大而不易获得完整投入产出估算，而这类因素也往往是最容易被忽视的。因此，在不违反以上各原则的基础上：如果方案中带有不可量测的"投入–产出"因素，则不可量测因素应优先考虑；如果在

几种比较方案，那么其中有不可量测"投入–产出"因素考虑的方案优于没有这种因素考虑的方案。

⑦上位决定原则。在某些不确定的情况下，可按照"惠众的普遍性/常识性目标–城市管理目标–中间层管理目标–本投入项目的原始目标"的优先次序来决定是否集约。

⑧公平与自愿原则。此原则为补充原则，基本上它应该包含两个部分。

- 公平：一块土地上所涉及的各相关目标本质上没有重要性之分，上位原则不能替代其他与上位原则相冲突的原则。
- 自愿：不得以各种绝对判断原则（例如普惠原则、低碳原则或不可替代原则）或其他有关原则强迫其他行为主体采取或接受对自身有害的投入目标。如果有些目标确实要实现，参考"相对判断原则、可补偿原则"。

（3）城市土地集约利用的实现策略

所谓原则即为行动的规范。但是不同的原则也有其不同的适用范围。因此，在确定判断原则的基础上，还对各相关利益者的"投入–产出"目标进行综合的平衡就需要有所策略。一般在衡量土地集约（度）判断的执行过程中，应包含以下几种操作策略。

①层次目标分解策略。在做一项土地利用集约性/度评价之前，首先将各有投入产出利益相关者进行分解，确定各层次目标及其投入产出。例如某企业准备增加产能，但是该产能的增加可能使污染加重，因而会涉及城市的环境保护，而这通常是由市政府来负责维持的。这就有两个目标❶：一是该企业的增产投入目标；二是城市管理者的环保投入目标（或者还有其他主体，如流域环境管理者的环保投入目标）。

---

❶ 当然，该活动中还可能涉及其他多种目标，这里为简化起见，只讨论这两个目标。

②"投入–产出"受益独立核算策略。在本次被评估（用地）活动所涉及的各相关目标持有者范畴内进行投入–产出核算，确保相关者的利益都能获得公平对待。例如，在企业增产目标中，污染的产出值无法计算，因此只能参照补偿原则获得，这便进入到城市治污的投入–产出目标计算程序。这样，该补偿值（或物）就可以在城市现有的污染治理技术和物质能力基础上进行核算，从而真正起到补偿的作用。

③制定有针对性的评价模块。至少在相当长一段时间内，城市中各不同目标体系的"投入–产出"测度都是固定的。制定模块的好处是可以重复利用这些模块，同时也能方便灵活性的进行一些有侧重的改进。例如，城市污染治理补偿在各种的集约评价便常常会反复用到，因此可模块化；而且城市污染治理的"投入产出"费效比可能会随着新环卫设施的投入及使用情况发生变化，如建有模块，此时只需局部更新环保目标模块，而其他模块无须改变便能重新投入评估使用。

④现势评价策略。土地集约评价通常是从后验经验而来，而土地集约评价的目的则是为了提供先验经验。以后验经验来为先验服务必然存在其内在缺陷，这便土地集约利用需要强调其时效性。因此土地集约利用评价应实时进行并及时更新。这需要一定的技术手段支持，同时这也是前面建议制定评价模块的原因。

（4）城市土地集约利用衡量的执行原则

在各相关利益者的"投入–产出"平衡过程中，有两个原则可保证执行手段的实现。

①外部效用内部化原则。外部效用是难以计量的，因此比较好的一个处理方式是将各种外部效用分解，然后嵌入其他目标中作为内部效用分别计量。外部效用内部化原则是层次目标分解处理过程中所采用的处置原则。

在城市土地集约利用的衡量中，我们假定城市是一个封闭的环境。虽然城市会对周围或者更大的区域产生外部性影响，但是我们必须承认，在城市存在的一生中有些（不好的）外部性影响是必然的、不可避免的；而另外一些（不好的）外部性则与城市内部目标大致相似。如环境污染问题，因为城市自身更为生态敏感，因此这部分影响可以城市环境目标进行计量。

对于仍然出现在城市范畴内不可内化的外部性，可采取两种措施来予以解决：一是扩大目标搜索范围，寻找更高层次的外部目标主体；二是如果这种外部性虽然能够感知（即前景可预），但是外部目标主体仍不明确，则可将此作为不可量测产出予以对待。

②先补偿后判断原则。先补偿后判断原则是"投入–产出"受益独立核算处理过程中所需要的主要原则。该原则可以最大程度上做到在目标实施过程中不伤及他人利益。

本原则是操作层面上的原则，它与定义层面上的可补偿原则对应。

2.3 城市土地集约利用的模式化析构理论

从前面论述中，我们将城市土地集约利用的评判标准确定为：在某项土地投入意向中或者在进行土地利用方式的某种改变（例如改变用地方式或增加用地强度）时，通过对其中涉及的不同相关者利益的协调和部署，从而使得土地收益增加并更趋于可持续。因此，这就需要对土地利用过程中所涉及的种种中间状态、过程或最终目标进行描述或量化，并能在可测得的范围内进行权衡，以此达成集约目标和集约化过程的统一和标准化。因此，本节讨论的重点是，在前文完成对城市土地集约利用多元化概念的重新表述基础上，进一步探讨如何进行城市土地集约利用评价标准的组织与菜单化定制——亦即模式化的析构策略。

这里需要强调的是：模式化析构的使用并不是为了消除（城市土地利用）目标群中的弱势目标，而是为了归并和控制土地利用中的目标规模，明确土地集约利用的总体目标方向，统一土地集约利用投入–产出衡量中的量纲，减少城市土地利用决策中的额外代价并实现土地收益的优化。

2.3.1 模式化析构的概念

模式化的本意在于组织和构建，它的概念源于结构主义的观点。该观点认为：错综复杂的世界由关系组成，事物为这些关系提供了支撑点，结构构成万物的存在方式（C·亚历山大等，2002）；而结构的形成，就如同写文章——"第一，文章的单词出于同一个词汇表；第二，每种语言遵守同一个语法规则……文章之间的差别在于词汇排列的不同……"（张晓宇，1996）。事实上，当我们进行土地集约利用的语义描述时，也可以使用到这种"共同的词汇表"和有限"语法"组合。作者认为，这两者（"词汇+语法"）相结合所构成的特定规则就是"模式"。通过有意识地强化模式的应用，可以在不同的土地集约利用诉求中获得语义互通的可能。

模式的创建必须始于"模式化"的认知过程——这在某种程度上类似于格式塔定义（F·克里克，2007）——但是略有不同。通常，我们会在某一模型的设计之初，通过抽象产生一个结构化的语义框架（概念模型或者形式本体等），这种语义框架具有共性但往往与个体的特征描述无关。因此，在该框架约束下，我们还可以进一步作具体特征的定义，并以相关领域的知识进行"词汇"的归并与扩充，以形成若干明确的特征描述规则（即模式）。最后，在此规则下作语义的延伸，从而产生不同领域内丰富的个体描述（见图2.2）。

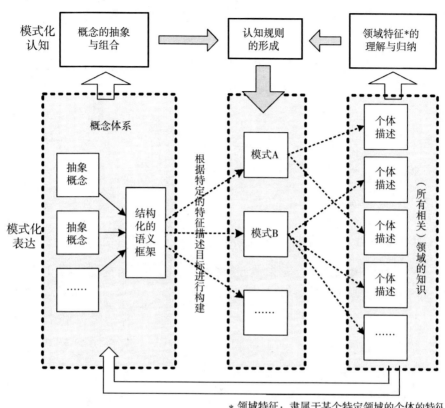

*领域特征：隶属于某个特定领域的个体的特征

图 2.2 模式的概念

这是一个自上而下的思维方式，随着模式这一中间件的引入，我们所关注的具体特征描述得以结构化的方式予以实现，从而在保证各领域的扩展应用需求的同时，最大限度地实现"共同词汇"的复用。这便要求模式的定义至少应具备三个基本要素：第一，模式是基于"层次组合"和"规则化"的定义，是结构化的描述；第二，模式至少应包含某一具体特征的描述，而不仅是概念的表达；第三，模式描述的是特征中的共性（或抽象特征），而不是领域中的个别特征（即该领域特征）。

模式化的析构不会歪曲、屏蔽、删减或者改变城市土地利用中各方利益诉求中的关系和格局。因为一旦"模式"这种表达的方法本身出现偏差，那么以此作为工具便不再具有任何实际的提出意义。

在土地集约利用判断过程中，基于单位土地描述的物质性投入产出最具共性，同时它也是领域理解和具体模型描述产生分异的关键。因此，我们也可认为城市土地集约利用中的模式是：关于单位土地功能性（一般）投入产出物的各种特定"词汇"（对所有模式而言，它们来源于一个共同的词汇表）的组合与描述方式。

2.3.2 模式的基本构件

（1）模式中的目标、目标特征及特征目标

模式在对土地上某一系列的投入产出组合所表现出来的行为、关系特征进行抽象后达成。活动相关性和投入产出的均衡构成其两个主要特征。因此，为保证模式的有效，其构成便要求保持这两个基本特性，而不是出自于任意的土地利用活动组合。这就决定了模式需要有具体的"目标"和"目标特征"作为基础，其中"目标"指由一定的投入产出均衡所表示的土地利用关系；而活动相关性使得一些特定的目标组成带有具体特征的领域，其总体特征即目标领域特征，简称"目标特征"。在后文中，为和个体的"目标"构成语言的对称，因此，将由这种综合性特征所表述的目标或目标群定义为"特征目标"。

关于目标，它与人们的具体土地利用活动有关。活跃于城市土地之上的任何一种范畴内的活动，如某基础设施工程的进行、某个工厂的营运、某区片地域内的日常事务的维持或者一个开发区的管理等，都在现实生活中构成了复杂而有序的利益传递过程，这些过程的运行情况对于不同的使用者来说常常意味着不同的效用。当它们呈现为人们具体而明确的一系列行为特征时，就表现出具有各异特征的目标系统。同时这些目标系统之中还常常会形成若干子系统（如企业所有者的特征目标可以分解为当前的盈利目标、长期的生

产维持目标等）。

在构造模式时应避免在"词汇"提取过程中破坏各目标系统中的投入产出关系，因此就必须对各系统的目标描述进行分级提取——于是这就形成若干有序的目标体系。对于模式的定义而言，这些体系中的中间目标本身也应该具有完整的投入产出均衡，否则基于投入产出的模式将无法完成组装。

对于城市圈背景下各种城市土地利用现象中所表现出来的目标特性，我们可以根据其目标持有者的角色定义出如下9种基本的目标类型。

①企业目标：如生产盈利目标、生产维持目标、生产环境目标、劳动力目标，以及诸如工会目标、职工的本地化诉求等其他目标。

②其他相关企业的目标：如对合作关系、相互影响的要求等。

③区（管理者）目标：以开发区为例，其目标可包括开发区的整体竞争力目标、内部产业合作目标、内部竞争环境养成目标、基础设施与环境风貌等其他政绩目标。

④区内居民目标：如居住目标、出行目标、生活环境目标等。

⑤其他相关区域活动目标：如对相关基础设施的共建共用目标等。

⑥本市（管理者）目标：如经济目标、环保目标等。

⑦本市市民目标：如就业目标、居住目标、出行目标、生活环境目标、游憩目标等。

⑧城市圈内的非本市目标：城市圈内除本市外其他相关城市目标。

⑨城市圈（管理者）目标：如整体竞争力目标、内部产业合作目标、内部竞争环境养成目标、环境目标等。

这些目标类型可各自单独构成一种特征目标，也可通过其中的组合形成某一具有偏向性的特征目标（以上9种目标类型分类并不绝对，在实际情况中可根据需要进行增、减或重新定义）。

（2）模式中的元素

由以上所给出的模式基本定义可知，模式中各基本目标组合所映射对应的特征概念都是可"拆解"的。通过对各个相关目标领域的基本概念模型所表达的对象进行归并和泛化加工，我们可获得一个广义的、忽略领域差异并由"纯粹"定义所构成的基本元素空间。来自不同领域的表达人员能灵活地从中取用元素并按照不同目标领域的特征表达需要对它们进行重新组合和解释。因此，为了组合方便，其中的元素定义就不能太抽象（例如，人力）；而为了最大限度地实现领域共享，有时元素的定义也不能过于细节（如宗地）。这种投入应该具有某一共同的性质[如办公用地、大学（用地）、厂房用地、公共绿地、道路用地、主干道（用地）等]，不然将失去组装的可能。

作为描述土地利用关系的一种工具，我们对于土地集约利用模式中的元素定义便围绕土地展开，如土地投入的类型、数量、比例、强度等。在这里，我们可以根据已有经验，将人们投入于土地之上的所有人力、物力、财力嵌入到所使用的土地当中，然后可以对土地集约利用模式中的基本元素作以下三种划分。

- 定型化元素：在描述不同的语义特征目标时，属性基本保持不变，如饮料生产企业、大学等。
- 参数化元素：元素自身不随过程变化，但其属性处于不断的调整中（往往可以找出变化的参数）。例如，可赋予数量属性（如建筑密度）的厂房投入等。
- 不规则元素：具有独特的表现特征，往往只在某一种现象中出现，不具有普遍性，例如，可能带来的特殊污染（如汞污染）的某一类产业用地或其中的某一具体生产用地等。

最后，所有的目标都能以这些元素为基础进行解释。

（3）模式中的关系

如果说元素是对特征进行抽象、拆解和重组之后的"词汇"集合，那么关系就是将它们联系起来的纽带，是模式中的语法规则。

通过关系对元素的有序组织，可以构成完整的计算"语言"来描述特定的目标。而由关系和元素所构成的特定目标仍可在相互之间发生进一步的关系，从而构成为更广义的目标特征。

一般而言，在土地集约利用的诸目标（群）之间，元素之间的关系有投入产出的语义关系、空间关系、时态关系以及目标特征的自我关系，通常只要通过这四种关系描述便可以将不同的目标组合成一个具体的目标特征。因此，一个具体土地利用的目标特征是由众多"元素–关系体"表达的个别目标以及这些目标相互之间的组织关系所构成的集合。在本书中，我们可将目标特征描述如下。

$$
\text{目标特征}(i) = \{\text{投入产出的语义关系（元素），}
$$
$$
\text{空间关系（元素），}
$$
$$
\text{时序关系（元素，时间），}
$$
$$
\text{自我定义关系}(Me)\}
$$

其中：

• 目标特征（i）：为第i种土地集约利用目标群的特征。

• 投入产出的语义关系：元素之间的投入与产出的关联形式，主要表现为具体目标之内的关系与目标之间的语义关系。

• 空间关系：各元素在空间上的相离、相邻、相包含以及方位距离等空间关系所带来的目标之间的关系。

• 时序关系：由前后事件的关联次序所带来的目标之间的关系。

• 自我定义关系：即由（特征的）整体属性对目标特征的自我定位。整体性属性构成目标特征定义中不可或缺的一种独特关系。

2.4 土地集约利用的模式化析构策略

2.4.1 基于事件非平面策略的目标群融合

以广义视角看，人类关于城市土地利用效益的主观世界会同时沿着两个正交方向发展：一个是沿着横向的由同层次目标所构成的投入产出关联平面方向（如不同相关企业之间的目标博弈，或者区与区之间、城市与城市之间的目标协调）发展；另一个则沿着竖向的由不同层次目标交叉所构成的事件平面方向（如企业与区之间的目标协调，城市与城市圈目标的协调）发展。在我们通常的理解下，当某些城市土地的利用目标具有共同的空间或相互投入产出依赖时，便会在横向投入产出关联平面内进行不同程度的交织，但人们却很少愿意去注意同时发生在竖向事件平面内的交叉不完全问题。例如，开发区和企业的目标总是能达成一致吗？于是，这一类目标关系在整体（目标）特征形成中的投入产出联系常常被简单化处理了。这就是为什么人们总是想当然认为一切的土地投入活动，包括个体企业的生产也同时具备"经济、生态、社会"三大效益目标的原因——作者认为，这实际上正是问题的症结所在。

但是，我们也可以发现在不同层次目标之间也具有相当的重合部分，例如，开发区的经济目标和一般企业相重合，部分企业的环境目标和开发区环境目标相重合，而开发区环境目标又和环保企业的经济目标相重合等。这就为实现具有某种完整意义的目标特征的要素投入产出之间的相互"拆借"或补偿计算提供了基础。而当我们正确进行了各个层次特征的目标（投入产出的）语义分解之后，这种部分目标的借用就更易于实现了。

在此，我们把这种部分目标看作为发生的一个片段性事件。于是，当某一目标特征中一个事件片段具有一般识别性，那么我们完全有理由可以把它的事件片段用于共享，而其使用者只要记录其语义上的插补索引即可。这便是我们当前要做的：事件非平面（交叉）策略，即允许同一个特征的事件片段由纵向事件平面内的其他事件片段来代理（非平面）。后面将以一种抽象的表征式描述对此予以说明，这种描述方式多见于数字化的概念论证。

在图2.3中，假设需将某一目标群信息W的四种特征目标A、B、C、D分别进行目标描述（A代表一般生产企业的目标，B代表开发区内的个人目标，C代表一运营中的污水处理厂的目标，D代表开发区目标），其中的A、B、C分别具有部分的相似特征（即有发生在同一竖向事件平面内的特征事件），D作为一个无须分解的特征目标，和其他特征目标没有事件交叉。

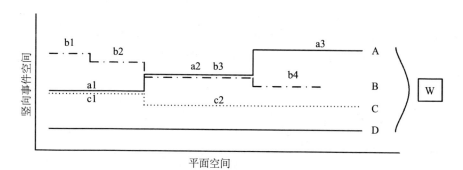

（a）非平面策略的示例模型

（b）非平面策略的示例模型中关系

图2.3　非平面策略的表征式描述

这样，对于完整的目标群信息W来说，其基本的事件结构表现为以下情形。

A、B、C、D四个特征目标表现出非平面交叉的总体特性，同时其中A、B、C三个特征目标又呈部分事件交叉。特征目标D由于其整体代表性，它的特征也可视为关于土地利用效益的一种全局观点，因此D是W的一个完整特征；a1和c1、a2和b3在事件空间上的交叉，可交由其中的一种（如b1和b2）来代理，当进行另一种特征目标的表达时，只要根据其相似事件找到对应的计量方式即可；c2是一个部分的整体特征，虽然它与a2 + a3的总体空间特性相同，然而考虑到语义上自我关系维系的完整性，应单独保留。

在这里，对D和c2理解的保留体现了对语义结构最大限度地维系；而对于a1和c1、a2和b3来说，事件平面交叉的策略在不影响语义完整的基础上达到一定的灵活性，这在实际的工作中则体现了前文中所阐述的土地利用关系中的补偿原则。

值得注意的是，这种事件空间的非平面代理要根据实际人们可接受的语义规则来进行，例如，可借用现有废水处理厂的投入产出来代表有污水处理要求的企业环境效用。而不能用个别配有自备污水处理设施的企业的治污投入产出来替代计算建设一个污水处理厂的效用。

2.4.2 基于土地要素的模式化应用

（1）以土地利用方式为基本元素

目标和目标特征构成关系的基础，但是仅以此还无法构成模式。模式是基于元素的组装。而由城市土地利用的特点可知：关于土地集约利用这个最上层、最抽象的特征目标，由其派生而来的一切特征目标或者子目标都是基于土地的投入产出关系而言。而模式中的关系，例如，空间关系、时序关系也可表现为土地投入产出的一种跨度分配。因此，在城市土地集约利用的模式构建中，其一切基本元素都只能是城市土地或者其派生物。

城市土地利用的方式差异构成土地集约利用目标的多样性。而这种差异一般来说表现为两类：一类是利用类型上的差异；另一类是利用强度上的差异。而土地利用类型和土地利用强度的空间组合构成土地利用结构以及其他各种关于土地利用的派生形式。

土地的利用强度因其上各种土地利用活动所需投入的要素在类别上存在较大差异，因此无法采用统一形式或量纲，只能根据具体目标具体制定。

关于土地利用类型，因其跟土地之上的土地利用活动有关，因此可以1990年由建设部（现住房和城乡建设部）颁布并沿用至今的《城市用地分类与规划建设用地标准（GBJ 137—90）》中所定义的城市用地分类（10大类、46中类、73小类）为基础作进一步划分。

（2）面向特征的（次级）元素

事实上，有时候由《城市用地分类与规划建设用地标准（GBJ 137—90）》所确定的土地利用类型在更小尺度的应用上仍难免会给人以难以明确辨别之困扰，因此，还有几个问题需要解决。

表 2.1　《城市用地分类与规划建设用地标准》
中定义的土地利用大类

类别代码	用地大类	定义范围
R	居住用地	居住小区居住街坊居住组团和单位生活区等各种类型的成片或零星的用地
C	公共设施用地	居住区及居住区级以上的行政经济文化教育卫生体育以及科研设计等机构和设施的用地（不包括居住用地中的公共服务设施用地）
M	工业用地	工矿企业的生产车间库房及其附属设施等用地包括专用的铁路码头和道路等用地[不包括露天矿用地该用地应归入水域和其他用地（E）]
W	仓储用地	仓储企业的库房堆场和包装加工车间及其附属设施等用地
T	对外交通用地	铁路公路管道运输港口和机场等城市对外交通运输及其附属设施等用地

类别代码	用地大类	定义范围
S	道路广场用地	市级区级和居住区级的道路广场和停车场等用地
U	市政公用设施用地	市级区级和居住区级的市政公用设施用地包括其建筑物构筑物及管理维修设施等用地
G	绿地	市级区级和居住区级的公共绿地及生产防护绿地不包括专用绿地园地和林地
D	特殊用地	特殊性质的用地
E	水域和其他用地	除以上各大类用地之外的用地

资料来源：《城市用地分类与规划建设用地标准（GBJ 137—90）》。

首先，土地利用类型与土地利用强度的辨别问题只有在特定的土地利用目标范畴内才能获得解决，而由于在面向具体特征的情况下，特定用地的内部结构、土地利用的具体方式以及其他一些相关属性都是可调查的，因此可以在此基础之上做出更进一步的统一定义。至于目标特征与目标特征之间的指标拆借问题，则可在上一级的分类标准中获得统一。而对于特定的土地集约利用评估或措施制定而言，特征目标是明确的，因此面向特征的元素定义也是明确的。此外，面向特征条件下的空间尺度和时间尺度上也是明确的。

需要指出的是，面向特征的实质是"面向具体"和"面向整体"的结合。因此，在元素定义过程中我们需要，并且也完全可以避免直接接触一些过于细小而且经常无实际语义的可能元素。与此同时，完整形态的语义拓扑有时候还有助于简单空间拓扑或时间拓扑的直接实现——如果事实证明这种基于特征整体属性的关系延伸是必需的话。

（3）"元素-特征-事件"的组合

元素、特征、事件的动态存在是互为补集的关系。元素为模式之基础，关系体现特征，而目标表现为事件。它们互为约束和补充、在具体目标的语义支持下能够为关系的构成提供必要的物理和属性意义。正如结构主义的观点所论述的：错综复杂的世界由关系组成，事物为这些关系提供了支撑点，结构构成万物的存在方式（C·亚历山大等，2002）。

在我们的土地集约利用总体目标的诉求当中，模式就是这种"集约"存在形式的表达。而元素、特征、事件则分别表达了城市土地、人的需求和人的活动的存在形式以及三者之间的隐含关系——而不仅局限于三者静态的、分离式的存在。

2.5　小结

传统土地集约利用概念源于农业，农业生产的自给性使农业土地集约利用与封闭环境假设下的"投入-产出"概念获得了一致。而城市土地利用效用价值向外部发散的特性却使得城市土地的投入产出无法在此前提下获得准确评估。因此，有学者提出广义的"社会、经济、环境"综合效益原则。但是这一原则却往往忽略了土地利用者的个人偏好和利益选择的影响——由于绝大多数的土地利用又都具有明确个体利益特征，因此该评估所立足的原则虽然正确，但是却难以应对人们在实际土地利用方式选择过程中所需要的权衡和激励。

城市可持续发展的基础应包括现在与未来收益的全体共享，但是与此同时我们也必须承认：由于城市土地利用效用的外溢性，有时土地利用的各种利益相关者在城市土地利用过程中或多或少可能会存在着一些利益诉求上的不一致。因此，我们的城市土地集约利用评判或决策，就应注意避免采取以一方压倒另外一方的不均分配方式，更不能以利益剥夺为代价（迈克尔·J.桑德尔，2001）。在土地利用管理过程中，我们应充分考虑土地利用过程中所具体涉及的不同投入者的偏好选择，强调通过利益平等和等价交换原则，使得人们对于土地利用方式的选择在全局上有利于城市的整体可持续发展。

但是，即便是掌控宏观方向的政府行为，有时也难免因信息渠道的不完整而在具体的土地利用决策过程考虑欠周或是稍显武断，便常常会在不同的利益主体之间做出倾向性选择。在这种情况下所作出的决策难免有失偏颇，对此，本章提出基于功能主义角度出发的城市土地投入–产出衡量内涵、原则和方法，并提出：城市土地集约利用一方面应超越单块土地的个体使用者自身收益的考虑；另一方面它也应能满足个体土地使用者进行土地投入背后的合理目标需求。土地集约利用不应沦为某种抽象的利他行为的语言符号。因此，需要对土地投入者及其代理人的目标、投入产出的受益者进行分解并在其中予以均衡，从而使对各种（现有的或未知的）城市土地利用形式是否符合"集约"的判断能够获得一些公平有效的衡量标准和可操作的处置手段。

为使这种弹性化理解在土地集约利用的评估与实施过程中变得可行，本章进一步提出土地集约利用的模式化析构概念。因为从长远看，土地集约利用的最终归途只有一个，即最大限度的满足所有人的生产与生活需要。但是这一终途的表达路径可以有很多种。在土地集约利用的各种未来景象中有时难免会充满利益的矛盾甚至冲突，而一个谓之为"优"的土地集约利用方案则必须是出于共赢和可持续原则，因此，用于表达土地集约利用的理解和表达也应该是中性的。依据功能结构主义的观点，"模式"即为这种理解和表达的方式。

模式化的析构不会歪曲、屏蔽、删减或者改变城市土地利用中各方利益诉求中的关系和格局。因为一旦"模式"这种表达的方法本身出现偏差，那么以此作为工具便不再具有任何实际的提出意义。从技术意义上看，在模式化中，各模式的基础是组件式、结构化的城市土地利用目标分解和组织，因此，通过模式化过程可以使土地集约利用的目标关系表述趋于明晰，从而更有利于土地集约利用政策的推动者和决策者对土地利用中各种合理目标的协调和促成。在模式的构造过程中，元素、特征、事件作为目标以及目标群描述的主要结构，缺一不可。元素是基础，目标是模式得以实现的推动力，而关系使各相关目标在元素的表征下获得统一。而通过基本元素选择、元素特征的匹配以及与事件的组合等（模式固化）规则，则可为模式构建的实现提供保障。

第三章　开发区的土地集约利用

当前在城市周边地区开设的各种专属开发区是现代城市中特有的一种地理现象。设立它，为它提供特殊的政策，优先提供种种发展的便利，为的是吸引大量高新技术企业的进驻，并由此产业规模效应，从而成为不断激励、带动城市发展的经济发动机。但是我们不能因此而忽略了这样一个事实：开发区只是城市土地利用中的一个组成部分，它无法脱离它的城市背景。数千年来城市作为人类聚居地的本质并未发生改变，城市的形态、功能以及城市土地的利用都无不与此密切相关，那么开发区土地利用的最终效用目标也必定如此。城市土地利用效用的外部性特征决定了开发区的土地集约利用构成城市土地集约利用这个整体范畴中的一部分，也就是说，将参与城市各相关土地利用活动的投入产出平衡与交换。

前面章节阐述了城市土地集约利用的概念、特征与方法，本章在此基础上进一步提出开发区土地利用投入产出关系中可能会面临的几个特殊问题以及处置方法。在此之前，本章首先将对开发区土地利用的性质与功能进行一些必要的讨论。

3.1　开发区

3.1.1　开发区的概念与种类

在我国开发区是指由国务院和省、自治区、直辖市人民政府批准在城市规划区内设立的经济技术开发区、保税区、高新技术产业开发区、国家旅游度假区等实行国家特定优惠政策的各类开发区。"在这些地区范围内，通常由国家划定适当的区域，进行必要的基础设施建设，集中兴办一两项产业，同时给予相应的扶植和优惠待遇，使该区域的经济得以迅速发展"。开发区一般具有明确的地域界线并采用一些与母城不同的特殊经济政策（类似于经济特区），以利用自身条件并通过聚集开发创造更多的条件来达到招商引资、发展产业的目的。

国外与"开发区"所对应的是大体是工业园区（Industrial Park），联合国环境规划署（UNEP）把工业园区定义为：在一大片的土地上聚集若干工业企业的区域。它具有如下特征：开发较大面积的土地；大面积的土地上有多个建筑物、工厂以及各种公共设施和娱乐设施；对常驻企业、土地利用率和建筑物实施限制；详细的区域规划对园区环境规定了执行标准和限制条件；为履行合同与协议，控制和适应公司进入园区、制订园区长期发展政策与计划等提供必要的管理条件。但关于这个定义目前国外仍存在争议，因此，实际上在国外关于工业园区还没有一个公认的定义，也没有一个统一的名称。

我国建立开发区的目的也略有差异，例如，有的是为了推动科学研究、开发高技术产业，故又称为技术开发区；而有的则单纯是为了引进外资，扩大出口，故又常常把这一类开发区与出口加工区相提并论。但是在地方政府的实际操作中，后者的表现常常超越了前者，因此，后来可以看到开发区更多是被宽泛称为"经济开发区"。类型则扩宽至经济技术开发区、高科技工业园、高新技术开发区、各类产业工业园（如农业开发区、化学工业园、汽车工业园）等，其中经济技术开发区和高新技术（产业）开发区最为常见。

2007年初，国家发展和改革委员会、国土资源部、建设部三部委联合颁布的《中国开发区审核公告目录（2006年版）》表明：到2006年12月，全国各类开发区已经由6 866个核减至1 568个，其中包括国家级经济技术开发区49家、国家级高新技术产业开发区53家、国家级保税区15家、国家级出口加工区58家、国家级边境经济合作区14家、国家级的其他类型开发区33家以及各类省级开发区共1346家。但是，如果联想到2008年年底我国的全部城市数量才达到2114座（其中地级市283座、县级市368座、县1463座）——这相当于每4座县级以上的城市中就有3座城市设立了自己的开发区，我们就会发现这仍旧是一个相当庞大的数字。

3.1.2 开发区：新瓶与旧酒？

单从名称来看，所谓"开发区"，是因为这些地区：第一，尚未得到开发；第二，靠近城市边缘，或者位置与现有城市具有方便的联系，所以具有经济或人文环境的潜力。而"开发"两字则更体现了某种官方意图的推动性，因而开发区在产业的选择方面会带有明显的偏好，这就使得我们常常会看到诸如"知识密集"和"技术密集"这样一些耀眼的字眼也常与"开发区"如影相随。开发区自其诞生之日起，就肩负着其创建者所赋予的使命——引领城市经济的跨越式发展。因此，在一个新开发区的设立目标中常带有产业升级的历史使命，例如，在2006年那次重要的开发区清理整顿当中，就将综合性经济开发区（或工业园区）、高新技术产业园区和特色产业园区三种类型作为了开发区审核保留的标准。

但是，如果我们从城市发展的历史回溯，就可以发现开发区并非现代人首创。实际上，最初城市的产生也多少带有一点"开发区"的模式：当时最先进的产业——手工业逐渐聚集、然后受到部落的保护。就此顺推，我们便不难发现：几乎所有新兴产业都有迅速扩大并在区域形成聚集的趋势。这起初也许只是相互之间简单的模仿，然后产业细化和周边产业都会相继发生——就连出口加工也是如此。出口加工区最早可上溯至早期依托海盗港口发展出的极为先进而复杂的加工区腹地（简·雅各布斯，2008）——现在保税区的设置大致也是希望产生如此的产业效果，只不过跟那时相比变成由官方推动而已。而福特制企业的产生简直可以称为现代高新技术产业区的前身。150年前的钢铁企业和大机器生产，以及稍后20世纪初的T形汽车流水线，无不代表着那个时代最先进的生产力。冒着浓烟的钢铁背影和大片连绵的工业厂房，对于当时那些满怀羡慕的尚不发达地区来说，简直就是未来世界的标准版本——实际上我国20世纪80年代的"高科技"一词还常常是以雄伟的钢铁企业背景加上一个硕大电子轨道图案（后来证明这个模型是错误的理论）作为标志——而我国开发区的最初提出和发展成形也是在那个十年里完成的。对于这些，前面我们刚刚使用过的开发区定义似乎也完全可以套用到这里："在这些地区范围内，通常由城市（可能不是国家）划定适当的区域，进行必要的基础设施建设，集中兴办一两项产业，同时给予相应的扶植和优惠待遇，使该区域的经济得以迅速发展"，并且"推动科学研究，开发高技术产业（先进工业）"。但是，时至今日，昔日吃香的工程师已经沦为旧式的蓝领技术工人；一些冒着浓烟的钢铁企业也被光电、生物或者新材料这样的新式行业远远抛到了后面。随着城市数倍的扩张，郊区成片厂房早已湮没在高大的建筑群之间——内部空旷破败的景象一度与其他的区域形成强烈对比、遭人厌弃；曾经令人骄傲的配套铁路、公路和多层工人村也被改造得完全失去了原先的模样。

时至今日，旧日辉煌的工业（开发）区，在城市化的背影里，大多数已经消失得无影无踪。而与此同时，在城市郊外一批批新的"现代化"厂房和漂亮高楼间夹着成片的绿化和宽阔的马路拔地而起，信心满满地迎候其未来早已注定的命运。

3.2 开发区与城市

3.2.1 开发区的选址

从空间上看，一般开发区的选址无外乎三种方式：以飞地的形式存在、融入市区或者位于城市边缘。不管是哪种形式，最终是开发区与母城的地域关系决定了它应该具备的空间功能。

作为飞地的开发区，飞地形式的开发区通常较为独立。它往往会依托于一个离大城市有一定距离的城镇进行，其效果相当于一个新建或扩建的卫星城。这种模式对原有的城区依赖较少，同时影响也不是很大，因此，似乎建一个高新技术开发区或传统型的工业镇也未见得有多少差别。作为一个卫星城镇，这样的开发区需要尽可能多地维持一个城市所大致需要的功能，因为产业的入驻必然带来人口的激增，而附近所能提供的服务和设施显然都不够。最终，也许不能指望新建起来的这些功能会对母城产生多少吸引，但是管理者们始终需要担心如何更多地让人们自愿留下来使用这些设施。因为城市生活和农村生活的最大差距并不在于是否在室内上班，而是取决于是否能过上多姿多彩的生活。所以我们常常会见到这些开发区的建设者会不遗余力地进行副中心的建设：首先是地铁或其他快速交通的引入，然后是一个区域级的商业中心以及围绕着的一些住宅区——这些住宅区的价格会比母城低，因此对于在当地拥有稳定工作的人有相当的吸引力，而这又有助于当地永久居住环境的构建，从而会减少母城的通勤人流。最后这些独立的开发区也会试图融入母城的氛围，因为总会存在一些竞争——不是商业上的，而是关于居民的。因为有一些人还是会选择住在母城享受母城的生活便利——当然这样的人会慢慢变少，如果这些开发区里的居住设施、商业气氛和环境建设能顺利发展起来的话。如果最后事实证明情况正好与此相反，那么这样的区域将慢慢失去活力，甚至长期衰退下去，最终沦为那些决心以其劳动力进城维生的人们用来临时驻足的跳板——高技术人员通常会有更好才选择，因为通勤的消耗不仅浪费资源，同时也会吓阻求职者。

不过由于飞地型开发区具有一定的独立性，因此至少就短期而言，它们与母城之间的相互影响都要较以下两种开发区为轻。

（1）位于城市内部的开发区

在市区内部的开发区可能不是很常见。它们多半是一些具有传统优势的或者已形成一定地域特色的小型加工产业。并且这些产业通常污染不大，或者即使在加工工艺中存在少量污染，也早已被本地居民所接受，如意大利的圣克罗齐据说是一个能够"用气味去判断'产业氛围'的地区"（阿什·阿明，2009），但这又有什么要紧呢？这种气味在这里已经持续了上百年——与其把这一点点污染迁到别的地方去，还不如留下来对工艺进行更多地改进，努力减少一些这样的气味。最重要的是，在这些区域企业早已和当地社区、城市居民及其他城市功能融为一体，即使是对于工业化的建筑环境通常也不需要过于担心，因为它们会被放入城市内部的整体更新范畴中去考虑。因此，它们对城市的影响大多仅限于交通的疏浚——其实这本来就是城市要解决的问题之一，通常人们需要的也就是一些技术上的措施而已。

（2）位于城市边缘的开发区

最令人担忧的是位于城市边缘的那些开发区。它们与城市接壤，但又属于完全新建，因此可以得以极尽发挥。虽然通常过不了多久这些区域就会被扩展的城市包容到内部，但是，在短期内似乎还可以先不用对这类问题有太多的顾虑——经济收益的显而易见常常让短视者获得更多的鼓励。所以有时就可以看到华而不实和好大喜功的建设风格大行其道。飞地式开发区的建设者和管理者所操心的问题在这里也成了杞人忧天，因为有整个城市作为生活的腹地，只要一两条宽阔的道路（当然如果再能有条地铁那就更好了），所有表面的问题就迎刃而解了。将未来不可避免的一部分潜在城区当作纯粹的工业区（即使是一个高级的工业区）来对待，所必定会带来的一个问题就是区位潜力被低估，常常这会引来土地投机分子捣乱。政府对于土地收益的流向也存有几分顾忌，有时候不免会出台一些激烈的政策，如全面叫停开发区内的住宅房地产开发建设活动。这些都会让开发区变得越来越像城市中的一片孤岛。而出于追求规模经济的效益最大化以及将来之不易的优惠政策充分利用起来的考虑，开发区也会尽量吸引企业进驻。但即使再绿色的企业，如果进行过于密集的布置，也足以累积起让环境难以承受的压力，只是可能问题要过更久才会显现出来。

总而言之，不管开发区作何种位置选择，都会面临着问题。而解决之道只有一个，那就是本着极其认真的态度，将开发区看作是城市区域中成熟的一员。作为城市，它需要留住居民——不管这些居民是原来的、从其他城区搬过来的还是从城市外面新进入的；也不管是高技术的电子工程师、商铺经营者还是环卫工人，各式各样的居民都不可或缺。而作为引领城市产业更新换代的开发区，它需要完成的是产业的地方性嵌入和自身身份的塑造——不仅城市构成中的身份，也包括区域产业中的身份，甚至全球身份——这才是一个开发区理应获得更优惠政策支持的原因，而不仅凭借其作为任何一个其他地方都能做到的时髦企业的聚集地。当为此进行一切必要的配套时，要考虑的是来自作为腹地的母城的影响以及与现有城区相融合，包括周围的大学、周围的居住区、协调相邻地区产业定位的意图……而不是孤立地进行建设。从这方面来说，城市边缘的开发区往往条件要更优于飞地式开发区。

3.2.2 开发区的空间功能

不管一位开发区的拥塞者有多么热情高涨而又满怀抱负，他也不得不承认：单独的开发区概念是不完善的。因为无论开发区在何种背景下产生，一旦被设定，它所具备的功能就不会仅限于"引资"或"吸引人才"。城市产业的魅力在于它能够为居民带来更多的工作机会，其经济上的收益和其他附带效用（如基础设施的铺设）则为促进城市发展提供了额外的助力。因此，不管是哪种开发区，它的建成都会引起母城新一轮的城市化高峰。新的工作岗位不仅为本地市民所享有，还会吸引来大量新的科技人员和产业工人，或者从本地的高校中直接留下所需的人才，以及大量外来的建筑工人——而这又会进一步刺激相关服务行业的发展——同时服务行业的新机会也会引来更多的人口流入。产业的发展是链式的，其中有些变化所带来的影响会从顶端一直贯通到最末梢。当所有这些因素在一个有限的（城市）空间聚集时，我们就该留心了：既别让它们把我们的城市搅成一团，也不可把我们的城市拆得七零八落。

有时候城市会蔓延得比较厉害，因此往往也很难对前面所述的几种空间选址形式进行准确的区分，这就更要求开发区在空间功能上尽可能做到自我完善。对此国外有很多较为成功例子，例如，日本的筑波科学城是以学园区作为自身设施完善的城市中心，为整个科学城的科研和产业提供了支撑。在学园区中布置了行政管理、科技交流、社会和文化以及商业中心，并用城市步行系统中的主要步道作为轴线将这些活动组织起来。而同在日本的关西科学城则没有青睐于集中的城市形态，而是采用分子型的组团结构。各组团内部自成体系，分别有自己的研究区、住宅区和服务设施。同时，在美国的硅谷科学园又完全是另一番景象——它的所依托的城市化地区与帕洛阿尔托（Palo Alto）到圣何塞（San Jose）的好几个城镇结合沿公路蔓延数十千米。因此硅谷科学园更乐意与原先该地区就大量存在的地方科研机构、高科技企业以及与企业生产、科研密切相关的高等院校（及其科研机构，其中甚至包括一个斯坦福科技园区）结合起来，沿高速公路延伸的是两旁相貌平常的大型厂房以及穿插其中的并按不同职工层次相对集中的居住区。宜人的气候条件，优美的自然生态风貌和舒适的生活工作环境构成硅谷独特的风貌。

总之，不管是城市中的开发区区域，还是以独立形式存在的"开发区"之辞义都是"区"——作为城市中的一个有机组成部分，开发区的建设脱离不了城市的整体环境。城市为开发区提供发展所需要的一切背景条件，同时开发区也充实了现代城市的概念，服务于总体城市功能的实现。但是这并不意味着：只要人们愿意，所有的开发区就能自动完成这个使命。因为一个开发区能否取得成功，不仅取决于良好的意愿以及前期的投入，同时也受到城市（或城市式）的发展背景的限制。

3.2.3 开发区的城市化推动及其潜在问题

大多数城市都经历过或者正在经历着"快速膨胀→增长受阻→部分区域衰败→部分旧城改造→部分旧城复兴→全面复兴"这样一个过程。空间的容量有限而开发的需求无限。当这两者在城市中无法再相互避让，便会发生激烈的冲突。古时人们通过战事来解决——通过驱赶其他居民离开，而现在人们只有自己离开越来越不适宜居住的城市到其他地方发展。就业机会、环境、商业与娱乐氛围以及教育、安全等，都会成为让人离开的理由。而在现在这样一个竞争激烈和老龄化趋势并存的社会里，人才的流失，简直就是对城市的发展判下了死缓。

开发区使得城市化的进程加快，因而在给城市带来发展契机的同时也带来了更多考验。首先是环境容量的问题。高新技术开发区注重环境的创造，但是过于僵化的产业定位也有可能会带来一些潜在的问题。因为就目前的技术水平而言，几乎绝大多数的城市开发活动都对环境保护有不利的方面，即使是游憩公园的开发也要考虑到游人对原生境的影响，更何况带有大量的建筑、交通和生产设施的开发区。

环境容量问题有时也有可能会进一步引起社会情绪上的对立。尤其是如果地方劳动力不能介入而成头顶上的"悬城"——普通市民可望而不可即的市外"桃源"，那么开发区除了带来可观的经济收益外，对于母城来说可能再无其他裨益。对于一个"短视"的普通居民来说，在控制城市无序蔓延的呼声日高的情况下，没有什么比用自己缴纳的税款、挨着身边凭空划出一块地来为外地人建造城市这种事情更糟糕的了，况且这还常常是带着一大半的工厂。这种情绪不一定总是很明显，但是一旦发生，那么首先反映的就会是社会结构的难以融合——要么是技术新贵的奢华生活引起原住民的反感，要么是旧居民的强烈排外使得新来着难以扎根。然后这种影响会进入生活方式分异所产生的空间特征：比如，旧城区和新城区的对立、聚居带来的大量的交通、甚至是城中村的大量留存——本地居民除了出租高价值的祖传房产，再没有更好的谋生选择，因此不愿离开。总之，一切都有可能将城市拖向空间的断裂，而这又会使城市在与其他地区的竞争中渐渐失去竞争力。

开发区所带来的文化冲击也可能会造成城市竞争力的弱化，虽然这种影响只是潜在的。危险可能从开发区的动工之日就已开始，建筑形态的异化是其元凶。一个城市千百年来形成的城市机理已自成特色，与此相比新建开发区体量巨大而又纹理粗糙。但是，开发区建筑的工厂化快速建造能力所产生的新鲜感常常也能暂时掩盖千篇一律的景观缺陷，因而有时竟会对城市原有的景观风貌产生极强的侵蚀作用。我们现在对于城市传统建筑环境的价值还缺乏充分评估的能力。而无数的事实表明，宝贵的城市文化氛围常常会随着建筑风貌的改变而丧失，随之而去的是一些颇有意境的生活方式（这可能也是未来潜在新兴产业契机），并且很难再现。从长远看，城市变成一个没有文化吸引力的地方会比任何损失都更严重。

总之，如果我们仅仅把开发区看作"开发区"，任其发展，那么最终结果可能会与人们当初设立开发区的初衷相反：它会破坏城市的运行节奏，从而慢慢拖累整个城市的发展，并且开发区本身也变得一无是处。

3.3 开发区的土地利用问题

在我们当前所处的经济系统中，开发区以其地方经济集聚优势，已经成为一种驱动区域经济发展的中坚力量。与此同时，在面对更多机遇的同时，开发区也无可避免地需要面对更多的生存压力。现在，不仅开发区中的企业与其他地方的企业处于竞争之中，同时开发区所处的地方也和其他地方处于竞争之中。对于开发区而言，如何在有限的土地空间利用中集聚地方优势同时又不伤害到母城的均衡发展，成为开发区土地利用一个重要主题。

3.3.1　产业用地的配比

　　一个城市或地区需要有不同的产业。但是如果其中没有一两个特别突出，那么地区的优势至少在短时期内仍能难以表现出来。一个运行良好的地方经济，通常需要有一些领导地区经济的产业以及其周围宽泛（也可以说是松散）的支持——这就是集群。现在大多数的地方领导者已经开始注意到了产业集群的优势，我们常常通过媒体听到或看到的"龙头企业"称谓就是这样一种意识的表征。

　　产业集群是开发区研究范畴内最为常见、恐怕也最为重要的概念之一。关于产业集群，有一个定义是："在某一特定领域内的公司及其相关机构，因共用性和互补性而形成的地理上接近的相互联系的群体"（M.E.波特，2005）。集群依各自的分工深度和复杂性而呈现出不同的形式，一个简单的集群会包括最终产品或服务公司、专业化投入品、零部件、机械和服务的供应商、金融机构以及相关产业的企业。如果集群正好处于一种活跃的状态中，那么通常也会包括处在下游产业的企业（如销售渠道或客户）、互补产品的生产商、专业化基础设施的提供者。此外，集群中的成员还常常包括许多政府机构和其他提供专业化培训、教育、信息、研究和技术支持的机构（如大学、智囊团、职业培训提供者）以及一些标准的制定机构。也有学者指出：对集群有重大影响的政府部门和管理机构也可看作是集群的一部分——这样，最后许多集群还自然包括贸易协会和其他支持集群成员的私立部门联合体。当然，集群的边界还可以进一步地延伸，从"原子弹"到"茶叶蛋"都并非完全没有可能，集群的边界常常是模糊的。

产业集群中需要"龙头企业"，因此地方政府在面对大型企业时会在用地政策上的制定上做出最大限度让步。但是"龙头企业"的最大意义在于"引领"而不在于"替代"或遮掩其他各类非主要的部门。也许克里斯·安德森（2006）的"长尾理论"对"集群"的本质是一个比较好的解释——事实也确是如此。在他的《长尾理论2.0》中，克里斯·安德森（2009）再一次明确指出。"长尾现象是从工业资本主义原动力——规模经济与范围经济的矛盾中产生出来的"。产业集群不仅是一个概念，更是具有一种代表性的产业生态。集群中处于非主导地位的周边产业能够为主导产业提供必要的支持，为其提供所需要的一切。这种需求大到飞机的一个部件，小到人们所需的一杯咖啡——如果没有那些咖啡店，谁会愿意来这里上班呢？看似规则的、由大量相类似的企业过于集中于一地绝对不可能被当作一种好的开发区发展模式。过去人们已经从过于集中的"规模经济"中吃够了苦头，因此才会有"后福特制企业"对"福特制企业"的扬弃。但如果"福特制"只是换了个形式而从单一产权的企业搬到公共资源配置的开发区领域来重新上演，让原本由原来大型企业所犯的错误让地方政府来担当，那"集群"的意义就不复存在了。集群的意义在于：它更容易在那些互相关联的企业和机构之间产生某种共识，并萌发一些组织性的原则，而这些共识或原则会进而用一些明确的集体活动来使集群中的所有企业获益，如降低成本或提高创新能力。有时候大多数集群成员并不直接形成竞争，而只是看似随意的存在——只是因为他们在为地方产业的不同部门服务。他们有许多共同的需求和机遇，面临许多限制生产率的共同障碍。但是由于集群的各个部分往往归属于不同的传统产业或传统服务业类别，所以集群也有可能会变得模糊甚至难以辨认。M.E.波特（2005）在他的著作里曾经讲述了这样一个案例：在马萨诸塞州有400多家企业都以某种方式和医疗设备有关，然而该集群由于被电子设备和塑料制品这类规模更大而又与其他部分重叠的工业类别所掩盖，因而长期以来一直没有被人察觉。尽管企业之间面临许多共同的制约条件、问题和机遇，但医疗设备集群的决策者们——既然没有发现这一共同性，那么就自然一直也没有交流。然而一旦后来该集群被认知，情况便立刻发生了（有利的）变化，他们组织起来，以一个麻省医疗设备产业理事会的形式与政府进行生产商的对话，从而成功简化了医疗设备的审批程序。当然，波特（2005）在后面也讲到了这个案例背后可能的局限性：在实际情况下，大多数类似的协会最终代表的是产业而不是集群。因此，如果有一个能处于更高位置的——这里是指超越单一产业视角的——集群协调者出现，情况有可能会变得更好。

　　当然，这个例子之所以能够获得成功，是因为有一些重要的基础。这种意义部分存在于产业地理的影响——在共同环境下产生相互依赖并迸发出更大的力量。也许人们并不会把飞机制造与咖啡店归入同一个集群，但是地域上的关系却可以让地方的食品加工服务企业集群变得和飞机制造相关产业集群的同样重要。很多专业化生产活动和"马歇尔式工业区"的形成也证明了相关产业布局的空间就近性极其重要。就近能让企业更多地获得互助服务，同时也能更好地利用本地化优势。但是很难说明某一类产业和其他产业之间存在某种明确的交替界限。从历史的角度看更是如此——我们必须承认经济活动是一个长期的现象，产业的所谓"新"和"旧"的身份总是在一再演替——这其中有的被淘汰，而有的却能一再复兴。例如，"第三意大利"模式下的小城市群——波河平原、维内第或托斯卡纳的中小型工业现在仍在生产并向世界出口专业化的"高档次"产品（诺南·帕迪森，2009）。这些产品在世界各地的都市橱窗里售卖，它们代表着最新的潮流和时尚，并同时获取超额的利润。但是所有这一切却主要是来自于一个已延续千年的传统产业——劳动密集型的皮革加工业。在这里，谁又能说一个劳动密集型的服装或皮革加工业的集群就一定会比最新理念的光电子产业的集群更低级呢？本书前面一直都在试图强调这一点，在这里也一如既往：在一个地方随时都有新企业和新行业的产生，已有产业的萎缩或衰落，地方机构也在发展变化，这一切都会引起集群边界的变化，但是很难指出这种变化是在往好的方面发展还是坏的方面发展。

在没有威胁、没有恶性竞争而又不限制竞争的区域内，将一组相互有益的公司和机构看成一个集群可以增加它们之间的协调和相互促进计划。与此同时，地方政府和管理者也应该清楚，对于产业集群的形成，只能致力于柔性地促进而不可粗暴地予以随意地筛选。由于一些初级产业的缺失所造成后勤成本和引进新模式的成本有时会十分庞大，对于大多数很多企业来说，由此所造成的生产率方面的劣势都可能是无法补偿的（M.E.波特，2005）。地方政府和管理者应该从总体上权衡生产率的潜力，而不仅仅是简单的考虑投入成本或税收——真正的目标应该是降低社会总成本并创造最多的价值。为各种产业提供有效的基础设施、吸引可利用的供应商、维修服务并提供其他集群所能提供的条件，这是地方的责任，也是开发区——如果确实证明它们的存在有必要的话——存在的唯一目的：为互相关联的公司、供应商、服务商和机构提供对话的平台，促进基于"自助、信任、企业家精神与地方归属感"的产业氛围，构建地方声誉，并改善集群条件的投资使更多企业受益。

3.3.2 产业职工本地化的需求

现在我们的城市社会正逐渐迈入保罗·诺克斯和史蒂文·平奇（2005）所称作的"后福特主义城市"时期。在后福特主义城市中，诺克斯和平奇认为：在其中劳动力更倾向于具有多种技能，而不是像在福特主义下只被要求适应一项任务。同时，诺克斯和平奇也具体描述了在这种现象下的二元劳动力市场："劳动力市场的核心是各种各样的得到其功能柔性回摆的工作者，他们在优越的工作环境和较高收入的公司里拥有相对稳定的、高薪水的工作。然而，围绕这个核心的是各种类型的次级工作者或边缘工作站，他们呈现出数目柔性，表现为有限的薪水、工作不安定及相对较差的工作环境"（保罗·诺克斯等，2005）。当然，有时这一定义也不那么绝对，例如，在很多欧洲国家，边际工作者的工作受严格法律保护，因此反倒是有一些核心工作者的工作不那么不稳定（或者说更具选择性）。Michael Storper和Allen J. Scott（1990）在研究中发现：那些富有弹性的"工人"倾向于被大规模且易变的劳动力市场所吸引，在那里他们能更容易地找到工作机会。对此劳动力有需求的雇主就会被吸引到他们所偏好的劳动力供应的空间核心。而与此相反，那些收入较低的工人的"就业场"或"工作搜索空间"就相对小得多，因此更多表现为地方劳动力市场的特征（R.马丁，2005）。在地方劳动力市场中，人们的工作选择受到日常通勤的金钱付出、心理成本以及与此类似的成本更高的地区间迁移成本决定，因此这通常也会将生产与地区服务与消费市场绑定在一起（尼基·格雷格森，2009）。

开发区总是吸引外来人口最多、最早的地方。开发区将不断变动的生产动力与正在浮现的就业迁徙组织成为一幅独特生产空间结构。经过一段时间，当工人适应了企业的工作节奏，就会发展出合适的工作-市场应对策略（杰米·佩克，2009）。这样，从事一些低端工作的工人也慢慢变得有富有弹性起来（例如，现在在北京的一些工地上，为了赶工，技术工人的日工资已升至300元，而且是日结）。这样的竞争对本地工人非常不利，因为除非本地工人除非本地劳动力在技能、劳动安排、就业条件，尤其是工资上具有弹性，否则本地工人的工作就会被外来的更具弹性、更廉价的工人夺走的危险。此外，工作地点与居住地的彻底分离也使得外来工人不受本地工人的"工作搜索空间"限制，而弹性的获得则赋予了他们更强的流动成本，这种时常出现的不稳定（如用工荒）也常常会和企业的流动性交织在一起，对地方经济造成冲击。因此，这就需要在地方经济发展的过程中，将企业扶持与帮助劳动力稳定下来的地方努力结合起来（R.马丁，2005）。同时，也必须将外来的劳动力尽快纳入到各种地方的劳动力市场中（逐渐为他们提供各种配套生活设施），因为只有这里才是真正社会再生产的空间。此外，高科技园区中同时也工作着大量处于核心的科技工作者。他们大多接受过良好的教育，拥有专业的知识或技能，因此岗位稳定，收入较高，也能较快融入当地的环境。如果他们也倾向于向外流动，那这里面的原因除了部分是出自于对更好发展前景的追求外，剩下的就都是出于对工作地区生活环境的选择了，而这多少又会涉及本地的服务水平、消费市场、甚至日后子女的工作等。在城市内部，各类企业的生产经营活动一方面在产业合作层面上相互联系，另一方面也会通过本地化的员工发生内在的关联。各式各样的人们在城市中居住、购物、就餐、接受培训、就业、失业、再就业……在这些背后，是那些工作场所所提供的大量工作岗位滋养了本地交通、餐饮、商业、教育、房地产等一众生活服务部门；同时，通过城市政府在资源配置或直接投资方面的引导，这些部门也反过来为企业的创新和发展创造了环境。

总而言之，地方的优势最终在于是否为发展提供保证，这其中不仅包括对外来技术的吸收和持续创新，同时也要有赖于持续的地方驱动。如何将外来的产业和外来的职工内化为本土产业中有活力的一部分以及如何进行地方标识和声望的经营，始终是地方政府一种职责。

3.3.3 开发区土地利用的效用黑洞

开发区大多是依托母城在城市郊区或者城乡结合部发展起来

的，土地资源是开发区建立和发展的基础。与此同时，各类开发区对于地方经济的超常发展，高新技术产业的兴起，以及引进外资和外国先进的管理经验，培育和造就高新技术企业和企业家都起到了十分重要的作用。经过20世纪90年代初期至今二十多年的建设发展，各类开发区无论是在城市建设还是在经济发展方面都已经取得了巨大的成就。开发区作为城市经济的增长极，其土地利用效用的外部性得到了充分体现。

　　然而在开发区的起步阶段，由于各地方都或多或少面临着缺乏资金、技术、人才等方面的问题，因而招商引资所可以依赖的优势几乎全部来自于土地，因此早期的开发区之间（招商引资）的竞争大多蜕变变成为了"送土地"的竞争，是否有足够的土地资源是开发区选址的重要依据之一。据2002年的一项研究表明（卢新海，2004）：全国开发区总的规划占地面积为3.51万km^2，远超过中国城市建成区面积的总和，其中省级以上开发区经批准的规划土地面积2万km^2，就连省级以下自行设立的各级各类开发区规划占地面积也达到了1.61万km^2。甚至于最为管理严格的53个国家级高新技术开发区也在12年里（截至2002年）累计新开发土地面积549.3km^2，平均每个开发区新开发面积高达10km^2。尤其是2002年一年之内，新开发土地面积即达114.7km^2，相当于平均每个开发区新增加土地面积约2.2km^2。在开发区新开发土地面积增幅逐步变大的过程中，单位土地面积上的资本有机构成和以土地作为衡量基础的经济产出水平也在不断改善。统计表明：截至2002年，全国53个国家级高新区共设立以高新技术企业为主体的各类企业28 338个，资产总额达到7 435万元，也就是开发区平均每平方米土地上承载的资产量为3 836元；在这其中仅2002年一年53个高新区的基本建设投资即达951亿元，其中的163.9亿元被用于了基础设施的投资。2002年，全国53个国家级高新区平均每平方千米的科工贸总收入为人民币27.9亿元（186万元/亩，1亩≈666.7平方米），净利润1.46亿元（9.72万元/亩），上缴税收1.40亿元（9.30万元/亩），出口创汇0.60亿美元（8.99万美元/亩）。这些指标分别比2001年增加28%、24%、20%和45%。然而投资的增加并没有带来土地利用效率的真正提高。开发区尤其是省级以下各类开发区的土地资源闲置现象十分严重。一方面，开发区规划占地面积过大，而实际开发利用的面积却有限（全国省级以上开发区实际开发面积仅占规划面积的13.51%，即2 700km²左右）；另一方面，在已经占用或者开发的土地上，又存在大量的土地闲置，闲置土地面积的比例却高达43%。统计表明，截至1999年年底，全国53个国家级高新技术开发区累计新开发土地面积3 357km²，竣工建筑7 324m²，年均竣工建筑面积814万m²，建筑容积率为0.218；而三年（即到了2002年年底）之累计竣工建筑面积虽然提高到了1.3亿m²（其中2002年一年竣工建筑面积即达2 197万m²），但是土地开发强度仅达到了0.237，三年之间几乎未有变化，这和投资的增加速度形成强烈对比。

由于城市用地的外部性效用溢出，政府即使在开发区土地开发零收益的情况下，也能够从周围土地升值及长期税收方面获得收益，但是这并不意味着就有理由参与开发区招商引资的恶性竞争和不计成本的低价供应土地，使得开发区企业囤积土地，造成土地大量闲置。前文已经论述过，土地利用的外部性效用可以产生双向和反馈的作用。短视的土地开发虽然能够暂时使得周围土地获得升值，但是低效的土地利用活动却会长远地损害整个城市的土地利用潜力的发挥。目前在一些城市当中开发区已经长期成为整个城市区域的地价漏斗，如果不对此情形加以改变，城市的衰败将首先从开发区开始，福特式旧式厂区的过去就是开发区低效发展的未来警示。

3.4 开发区土地集约利用的特殊性

开发区是城市的一部分，因此开发区土地集约利用即为城市土地集约利用，开发区的土地集约利用要受到一城的土地利用关系的制约。与此同时我们也无法否认开发区是在特殊历史时期出现的一种特殊概念，因此，难免会为土地集约利用评估和处置带来出一些与众不同的特定。

本节将对开发区中的一些特殊现象进行讨论，这些问题都可在前述城市土地集约利用的模式化析构框架范围内作进一步分析。

3.4.1 开发区土地集约利用的相关决策（影响）者分析

（1）决策（影响）者描述

土地集约利用不仅是关于抽象的投入产出关系描述，更是关涉具体的谁投入谁获益的关系，在土地使用过程中，各利益相关影响者都或多或少的介入到土地利用的决策过程中来。因此，关于开发区土地利用决策（影响）者的分析是必需的。虽然在日常土地集约利用评估中因为决策者的代表个性及其素质不同而产生差异，但是这种差异是可归纳的。

在这其中需要注意的是，虽然现在大多数的人还是习惯性地将开发区管理机构看作为某种政府部门，但深入推敲便不难发现：开发区更多的是具有某种"大企业"特质，投资、产业与竞争是它的常用话语。一个很好的例证就是由政府设立的开发区管理机构——开发区管委会的日常职责被定位为负责区内的园区宣传、招商引资、产业引导、生产协助、经贸组织以及高新企业孵化等生产辅助性事务上（钟书华，2004）；即使是基础设施建设、建筑规划管理、环境问题的处置等城市管理事务，通常也只是作为生产过程中所必须予以协调的一种部门流程——开发区管委会下辖的相关部门通常只能工作于最低维持状态——这符合效率原则，"企业办社会"的模式早已一去不复返。于是开发区管委会也完全可以摆脱一般性的市民服务事务——既然该机构成立的目的就是为了"（经济技术）开发管理"。这也可以解释为什么很多地方的开发区已经至少在形式上被改成为有限公司体制。

在一般性的城市土地集约利用的评价/衡量中，我们可以假定城市是一个最外层的、封闭的环境，只是偶尔会加入一些诸如"流域污染整治"这样的有限存在于外部的额外目标，并且这样的目标也可以采用"相对判断原则、可补偿原则"对其进行判断后量化和内化到城市土地利用的目标内。

但是对于开发区来说，它的评价空间必然会超出单一的城市范畴而融入区域产业布局平面内。问题是，这种评判空间的边界在哪里却并不容易确定。因此，在我们集约定义中的"相对判断原则、上位决定原则"中，只能将其大致地归类到"惠众的普遍性/常识性目标"范畴之内。此外，由于产业竞争与合作之中的利益关系也不好确定，因此，宏观的产业布局影响往往无法量化，这就无法像一些（城市）外部目标一样使用"相对判断原则、可补偿原则"将其量化和内化。

不过这也符合本书的一贯观点：即城市是由在城市中生活的居民通过连续投入而创造，在与外界存在公平交换的基础上（如城-乡产品交换体系中的公平），城市土地利用的终极利益应为城市的真正所有者——城市居民所享有，而不是为生活于城市外部的其他某些群体所享有。因此，在土地集约利用的判断中也应秉持如下态度：一市的产业活动应首先是我服务，其次再判断能否惠及他人。该态度是体系内各城市之间合作竞争的基础，也是我们在谈及"区域合作伙伴"这一问题时的一个基本出发点。为便于后面探讨的展开，在这里首先将后文中可能涉及的决策参与者（包括影响者）予以列出（见表3.1）。

表 3.1　决策者与决策影响者

身份	分类
政府或管理机构	区域型政府或管理机构
	城市政府
	同区域内的其他城市政府
	城市中的区
半政府性质	开发区
	开发区中的子园区（如果有的话）
实体	企业
	大学及其他科研机构
	交通等基础设施企业、环保企业（如污水处理厂）与住房代理商
	投资方或资方代理机构
个人	全体城市居民
	本地职工
	科技人员
	外来供职者
	流动科研人员（博士后人员、大学生/研究生）

对于未列入表内的其他角色，虽然在后文的讨论中暂未予考虑，但是如果在日后的研究过程中有需要，亦可按照本章确定的探讨方式添加。

（2）决策（影响）者目标

土地集约利用，归根结底就是在土地利用上获得最大的投入产出效用。关于这点，站在不同角度则体现出不同的土地利用需求。

如果作为地方政府管理者，他自然希望能通过治内土地的合理分配使用，使得地方的经济、社会、生态获得良好维持，具体来说，即地方经济没有停滞之忧、环境得以保持，税收得以保障、亦可避免（诸如地方政府与地方政府之间、企业与个人之间、企业与政府之间、个人与政府之间）令人头痛的纷争。由此他便可以获得广泛社会认同、荣誉以及工作的报酬。

对企业而言，问题则简单得多，就是通过土地上的投入挣得更多。

对个人来说，就是通过在土地上工作而使得收入保障、生活方便、环境舒适以及自由充裕的自我支配时间（和自由）。

而对于中间层管理者，社会对开发区管理会的身份认同决定了投入决策自然应该服从其（企业）经济产出的目标，如开发区管委会主任这样一个职位，他的职责就决定了他的工作——经济技术产业工作能力的"开发"。因为"一个城市区域"和"一个有城市区域大小的企业"在目标的制定方面有着本质的区别。城市中的"区"与开发区之间也是如此。"区"的管理者接受"区"内市民的委托、为其服务，而开发区管委会则接受城市政府经济发展任务的委派，这也说明了为什么很多地方的开发区管委会都是以公司制的形式存在。考虑到开发区管委会（公司）的行政职级以及一些地方仍旧保留的区级政府机构的身份，因此这种区别还可以理解为："区"的管理者对治内所有居民的大小日常事务负责，而开发区管委会则对城市或更大领域范畴内的全体居民的（至少部分）资产管理的任务负责。但是，在开发区内，经济目标常常占据了主导地位，而市民性质的城市日常事务的代理者，即城市的中间管理层的位置则常常是缺失或部分缺失的。就如同当一国的商务部和外交部意见或者某个省的意见相左时，国务院便常常需要为此而做出最终决策。受委托者为其委托人作出最有利于其委托事务的决策，但这并不代表着他的所有决策都对委托人最有利。这就需要不同的声音。因此，如果没有地方居民协会这一类的组织或者虽然有这一类的组织但却话语无力，那么这一层次的目标有时便不得不在更高一级的城市管理者目标范畴内得以体现。

至于其他的，自然有相应的职责来负责（当然，实际上大多数开发区管委会也承担了部分区的职责，但是无论如何，"经济开发"职责往往占据了其合理职责中最重要的地位）。

3.4.2　土地集约利用的目标分析

（1）几种基本投入产出关系的语义归纳

土地集约利用是关于谁投入受益以及投入产出关系的集中表述，因此通过对不同参与角色的投入产出之间的交换过程进行梳理和归纳有利于土地利用主体目标的定义。这样的一种归纳通常可包括（见图3.1）：①个人投入劳动力、时间机会（如给自己建造房屋的机会）→企业；②个人获得工资→企业；③个人支付税收报酬→政府；要求政府提供居住的便利、更多或更合适的就业机会、交通、良好的生态环境、便利的文化商业设施等；（为满足市民的这些条件，政府寻求和生产企业、设施供应商的合作，生产企业需要产业扶持或配置、技术力量的配置、丰富的人力资源生产（需要提供住房、教育设施等来解决）、基础设施等；而设施的供应需要资金投入和日常管理）；④政府为城市投入→管理和费用→设施交通住房等供应部门；⑤设施交通住房部门提供设施等→个人；⑥设施住房交通提供设施等→企业；⑦政府委托开发区（通过提供基础设施（费用）的预先投入，开发区的管理费用）⑧为生产企业提供产业环境（产业扶持、技术支持、部分人力资源产能的支持）；⑨生产企业为城市提供税收；⑩政府用这些税收支付工资和基础设施等费用……

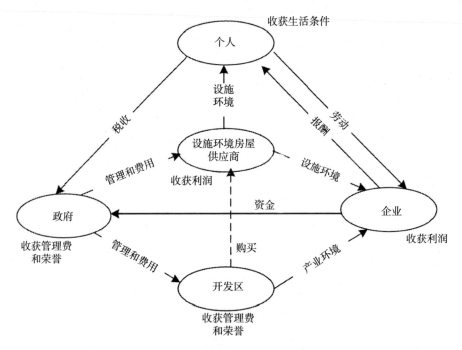

图 3.1　基于语义的投入产出关系分析

　　当然，这其中的一些关系也许会发生变化。如部分工作人员（博士后、研究生或外来供职者等）的流动性很强，因此对住房供应的要求往往低于常驻居民的要求；开发区有时也会代收企业上缴利税，因而常常也会履行进行一些设施供应的购买义务。此外也可能有更多的利益关系，如大学与研究机构、风险投资机构、区域型政府管理机构的决策者，等等。

　　此外，虽然现在住房供应现在已大多由市场来完成，但事实上这么多年来在住宅市场的背后一刻也未曾离开过政府的影子——因此在开发区土地集约利用研究背景下，完全可将住房供应视为和给水、排水、道路建设同一性质的某种政府代理商行为。

　　在开发区与其他区级单位及本城和其他城市之间，因其直接相关利益少，因此其投入产出关系可能会更为简单，并且这种投入产出常常也不会产生双向流动。例如，其他区级单位对临近开发区，在几乎不需要或很少投入的情况下便可获得为本区内的居民提高就业机会的收益；而其他城市对本城的要求大多也只是希望在扩大产业辐射效应的同时均衡本地产业，以避免产业入侵、增强产业吸附等影响，等等。

尽管有如上种种因素，无论如何，理论上由图4-1所代表的整体投入产出流中的核心部分（及其趋向）并不会改变。

（2）基于元素的目标论述

将以上投入产出的语义绑定到具体元素上，就表现出"什么样的角色对什么样的土地利用方式发生要求"。这里至少会涉及两类土地利用方式：一是用什么样的土地；二是数量关系。关于土地集约利用元素的第三项内容（不规则元素）这里暂不涉及。

关于土地利用类型，为求精简，这里可将居住用地、公共设施用地绿地等归并为居民生活用地，而将工业仓储等归并为生产用地，交通用地涉及居民生活于生产之间的关系，因此单独列出，其他用地如对外交通用地和市政设施用地可作为单独设定的附属设施而点化处理，其他未日常城市活动未涉及用地暂不予以考虑。

对于以上三种类型的用地数量，主要可从以下几个角度进行考虑。①个人最求生活效用的最大化。因此在城市范围既定的情况下，如能维持生产能力，则有效（污染即无效）的生活用地自然越多越好。我们在第二章已阐述过"城市即为居民福利"这一思想，因此，土地集约利用的原出发点就是：提高生产效率，以节省更多的空间用于生活福利，绿化率的提高、开放空间的控制甚至城外生态用地和耕地的保护都可作为此论述的例证。②实体追求利润（在市场有限时也可能是总体收益）的最大化。因此，对于生产用地来说，在产能一定的情况下，生产用地的使用当然越少越好（少用即集约）；而当土地一定的情况下，产能就必须做到尽可能地高（技术密集即集约）。③通常人们认为人均交通用地越多越好。但实际上无效的交通用地使用常常造成人们大量时间的浪费，同时汽车也是城市低碳目标的主要"冤家对头"。因此交通用地的供应与有效的交通用地需求并非一回事。用地结构的优化即为减少无效的交通用地需求，体现"低碳集约"，因此交通用地需求越少越好。④不同个体类型对于生活用地和交通用地的需求也不同，通常本地职工对于生活用地的要求高于流动人员，而高科技人员的交通用地需求则相对较高（拥有更多的私家车等，因此相对也可接受较远的工作距离）。⑤因而不同产业对于不同职工的需求从某种程度上也反映了其内在的居民生活用地的需求，如传统外资型多以外来普通务工人员为主。⑥城市政府为城市内全体利益的代理人。因此既需要最高产量（提供生活所需和城市建设资金），也需要保持最佳生活空间。因此城市或"区"的政府身份所追求的土地集约利用在此表现为：当区位既定时，通过产业引导和空间结构布局，使得企业产出最大（在保证产出的条件下满足全局生产用地最小，而不是每个局部的生产用地最小），居民受益最多（生产用地满足需求的前提下，生活用地最多），同时也达成低碳目标（如交通用地最小，单位用地上的污染最小等）。⑦开发区是政府的区内产业协调的中间人，负责区内产业生产条件的供应，寻求在服从本市生产整体布局的条件下实现企业效益的最大化，此外最终目标也会定位到技术集约之上。⑧开发区的区域角色会要求产生产业上的辐射带动效应并促进地方发展和公平的竞争，因此既会有优势产业聚集的要求，也会对城市提出发展地方产业的要求，这体现在不同开发区题材上表现出不同的用地集约化需求。

在表3.2中，分别用↑表示最大化要求，↓表示最小化要求；↗越大越好（非最大化要求），↘表示越少越好（非最小化要求），←表示较少，→表示较多；由此构成本书土地集约利用模式构建中所需要的基本"人–地"的二维交叉关系。

表 3.2 城市土地集约利用的基本"人–地"二维交叉关系

	生活用地	生产用地	交通用地（需求）
全体城市居民（的一员）	↑	↓	↘
在岗普通本地职工	↑	→	↓
科技人员	↑	←	↘
外来普通职工	←	→	↓
流动科研人员	←	←	↓
大学、科研机构	←	←	←
高科技企业	↗	←	→
本地（劳动力）型企业	↑	→	←
传统外资型企业	←	→	←

注：居民对生产用地的需求指从创造经济产出的用地需求。

开发区、城市和城市圈的土地集约要求在此基础上获得体现。

3.4.3 其他两个关于开发区的特殊问题

（1）"新区"的问题

开发区是一个"新区"。在这里"新区"包含有两层意思：一是开发区是新开发的区域；二是人们常常把开发区看作何其他"区"不一样的区域。这就需要一些特殊的处置方式。

由于开发区大多从城市外围新建，并且常常是通过"先拨后用"的方式获得用地。因此在其间必然存在土地的空置现象。而这种空置与城市内部的空置不同，城市内部的土地处于循环利用过程中，因此对于其空置的产生，无论是"被迫空置"（如由于无法开工或流拍等原因）还是"囤积性空置"，其后果都有周围参照物或历史参照物用于比较，因此，也便于对此后果进行评估和处置。而开发区中的空置则只能在周围农用地的历史产量与土地溢价上平衡损益，这就需在集约评价与空置处置上综合衡量各种投入产出关系。

将开发区视为纯粹的产业区带来的害处，我们已对此进行过讨论；同时我们在前面也论及了开发区中间管理层目标缺失的问题。这两者是一对矛盾，相关投入产出目标不能直接在开发区管理层的角度上获得解决（前文也对此阐述过），但在同时，对于个体的企业与为全局服务的城市管理层（尤其在开发区相对独立的情况下）来说，这些投入产出目标也难以由直接激励产生。因此只能从企业的本地化目标中获得答案。由前可知，企业本地化将同时惠及企业及整个城市。而各项相关设施的配套是本地化的基础。因此通过对各个企业的本地化所需的设施数量及其产生效用（如增加工人的时间效率、产生的服务业岗位等）的测算，可以将这些投入目标同时内化进入企业和城市的投入产出评估体系。

（2）不同开发区的处置

我国的开发区有多种形式。按照国家发展和改革委员会、国土资源部以及建设部联合颁布的《中国开发区审核公告目录（2006年版）》，我国现存的各类开发区可分为由国务院批准设立的经济技术开发区、高新技术产业开发区、保税区、出口加工区、边境经济合作区及其他类型开发区（如旅游度假区、物流园等）共计222家，以及省（自治区、直辖市）人民政府批准设立的开发区1 346家。其中，除了旅游度假区、物流园等少量开发区外，其他大多数开发区都是以生产型企业为主体。因此，以上涉及开发区土地集约利用评估和处置的一般原则和方法都可适用于这些开发区。

各种不同类型的开发区土地集约利用评估和处置中的区别是：产业的需求的不同，因此，在各企业内部以及开发区管委会内部的"投入-产出"指标也会有所不同，如高新技术开发区会突出高新企业的比例及研发机构的权重占比等。在后面的章节中，我们将以武汉东湖高新技术开发区为例对此进行重点阐述。

3.5　小结

千百年来城市就是在以"开发区"的形式不断发展。工业化进程为城市化提供了新的形式，而旧式福特制企业在发展演变过程中曾出现过的问题则为当今的"开发区热"提供了警示。我们不能忘记开发区作为城市中一"区"的本质。从可持续的角度看，开发区不可能总是以一种特殊存在物的形式存在，无论是飞地式的开发区，抑或是融入市区的开发区，或者是位于城市边缘的开发区，都需要实现城市部分的部分功能，并且也必须和城市的其他部分紧密联系。

土地是一切社会经济活动的基础，所有社会经济活动都反映在土地的利用过程中。对于开发区的种种特殊性，我们都应予以足够重视、并在开发区的土地集约利用中有所应对。这些特殊性集中体现在开发区土地利用投入产出关系中，包括：①由于开发区的经济目标性，使得它们在其设立之初多少总带有一些独立经济体的大企业气质；②也正由于以上原因，当我们将开发区其视为城市一"区"时，对于开发区的中间管理层目标便需予以格外的注意；③作为经济体的一种特殊形式，我们必须对其相关外部利益者诉求予以重视而非按照中间管理层的处理方式；④我们还应该意识到，开发区是个特殊的新区，我们应从由企业本地化所能带来的城市整体社会经济环境的投入–产出关系变化的角度进行评价；⑤此外，虽然绝大多数开发区都是重新开始，但是不同的开发区在发展过程中必然会因地方的社会经济人文特质而经历一个由同化向异化的转化过程，因此，对于不同开发区，我们都应予以特殊土地集约利用的衡量对策，而不能以某一种通用标准简单化处理。

本章运用前文所论述的城市土地集约利用标准及模式定义规则，通过分析开发区可能涉及相关决策影响者，归纳各种可能的目标特征和相关元素、关系，由此初步构建起开发区土地集约利用模式化析构的表述环境。

第四章　开发区的位置选择：关于城市用地结构效用的量化分析和讨论

城市土地利用的集中式发展能产生土地利用自身的种种裨益，而嵌入式发展则至少能带来局部功能的改善。对此，前文已从理论上充分探讨过城市的整体功能达成以及城市土地价值形成的土地利用外部性作用等诸多论题。现有的研究表明：城市中的不同土地利用方式自身会在空间上相互竞争以获得地点优势，并由此表现为城市地价的差异。因此，我们便可以地价的空间分布形态为介质来解析不同用地方式在空间上的相互契合性所产生的影响。因此，本章以地价表征的城市土地的收益能力入手，分析城市均衡发展的形态以及其与不同用地方式配置的耦合性关系，从而以一种全局视角来讨论开发区对城市整体用地效率的影响。

4.1　局部均衡条件下城市地价的空间特征

相同区位的城市土地拥有相似的城市物质环境条件，一般而言这便具有了相似的土地收益能力，因此地价的相似或相近也是不言而喻的。从微观认知的角度来看，由于城市土地价值源于外部性的特质决定了土地价值的难以内测，土地的价值评估通常也是产生于人们对周边土地效用的认知，由此由一个个微观的比较（估价）行为勾勒出整个城市地价的空间分布差异。

这种对地价的认知方式使得人们可以用一个已知地点的地价作参照推算出另一个地点的地价，这种参照和推算的过程就类似于场中能量的扩散。

4.1.1 土地价值的临近参照

从微观上说，人们对具体地点的土地价值评估经验主要来自于对地价产生来源的理解以及对现有的参照地价的知晓。换句话说，就是个体的地块特征是决定地块之间的价值差异，而用以参照的已知样点地价则是确定地价的基准（见图4.1）。除少数个体自有特征外（如地块的形状、大小），城市中土地的大多数特征都是由其相对位置决定的。土地的位置特征可以描述为在某个位置上所拥有的全部城市空间要素环境的便利性的整体，这种综合的便利性经过量化使得与参照位置地价的比较成为可能。

而城市的空间要素环境在空间上大致是连续的，并且与距离有关，由此也可以得知不同位置上的地价之间的参照也大致是一个距离的函数，这个函数一方面与地段内各城市空间要素的影响力有关，另一方面则与参照样点地价的分布密度有关——毋庸置疑，参照样点的密度越大，与参照样点相隔的距离越近，距离的函数形式就可以越简单（当距离足够近时，土地的估价甚至可以交给直觉的推断和市场的议价行为来对参照物进行微调，而无须计算）。

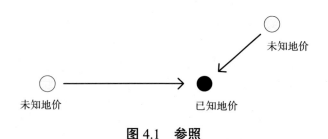

图 4.1 参照

然而我们应该注意：这种参照系统的信息是非完备的。虽然城市地价的空间分布是连续的，但是从每一次的市场交易都只能获得一个新的样点以供参照。假设对市场交易进行相当一段长时期的记录并获得多个观测数据，那也只能构成一个有一定容量的样本（参照）集合，每个观测样点的参照值都构成了描述城市地价空间的母体特征的一个数值。这些有限的样点具有不同于随机性的群体型模糊特性，一般难以穷尽城市地价的全体。因此，通过市场数据的收集所获得的经验并不是城市地价母体空间的全部，而只是母体的"样本"，其分布规律也多数未知，而且在不同观测条件下得到的观测集合很可能服从不同的分布规律（这是由城市空间要素分布的不均衡性所决定的）。实际上，"样本"概念的本身就意味着信息不充分，这并不会因为样本的大小而改变。对于城市地价这样具有连续特征的总体分布，无论把参照的样本容量取作多么大，只要是有限的，那么信息都是不充分的。由样本所观察到的趋势总是不能完全精确地认识母体的规律，因此，也可以认为样本对母体而言是非完备的。

4.1.2　土地价值的认知扩散

虽然参照的样本信息是非完备的，但是当样本容量不断增大而使参照的样本趋于完备时，根据可供参照的样本却可以更为精确地认识地价空间分布的规律，对城市地价空间的母体特征认识也会趋于明晰，即地价的参照系统从非完备到完备的过程对于空间连续性特征的认知而言具有一种过渡逼近的趋势。

该趋势表现在非完备参照空间中的每个参照都有发展成多个参照的趋势，使每个参照点数据都充当其"周围"未知区域的代表。不确定的"周围"的边界使每个参照对于四周环境所提供影响总体上是一个不确定信息，非完备样本的过渡逼近趋势导致了认知的不确定性。这种不确定性具体体现在每个参照都具有一定的影响域。这意味着一个参照的出现不再仅仅是提供它的自身那一点上的地价信息，它还具有一定的信息辐射域，这便提供了关于该参照"周围"情况的信息能量，即已知任一位置上的地价信息都具有能量辐射的趋势，对城市地价空间的母体特征的认知随着能量辐射的方向扩散（见图4.2）。

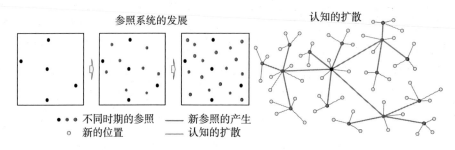

图 4.2 认知的扩散

这种信息辐射的空间扩散的特征也具有地理衰减特征，或者说具备空间场效应。从能量辐射的角度看，参照自身所具有的信息量总是要大于它对"周围"所提供的信息能量。若它为样本点自身所提供的能量为1，则它对"周围"任一点上所传递的信息的能量都要小于1。也就是说，信息不会无损传递；其次，周围各点所分享到的能量与其属于"周围"的程度有关。越靠近这个参照所在的位置，属于"参照周围"的程度越高，从该参照分享到的能量就越多，地价与参照地价也越接近；反之，越远离该观测数据的点，属于"周围"的程度就越低，从该参照分享的能量也就越少，地价与参照地价的差异也越大。因此，是距离"消耗"了信息传递的能量（见图4.3）。

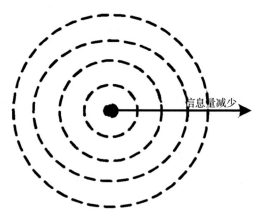

图 4.3 信息传递的场效应

从一个临近参照分享到的信息量，可称为从这个参照点辐射来的信息能量。地价信息以能量的形式从参照空间辐射到整个母体空间，而被周围点分享的过程，就是地价场的辐射。在地价场的辐射中，辐射的能量所承载的是每个参照点对给定概念任务（即对土地收益能力或表现为地价）的确定度，可称作信息的辐射亮度。一个参照的辐射亮度为其位置上所能辐射出去的能量的最大值，即通常所说的参照/考地价。通过信息的辐射，参照点利用其辐射的信息能量填充了母体空间中的所有空隙，实现了认知从非完备性向完备性的物理过渡（王树良，2002）。

4.1.3　土地价值认知的稳定性

地价场要求地价信息辐射于母体空间中，应具有随距离增加而衰减的特性。衰减性建立在对参照的遍历性和就近性基础之上。参照点附近得到的信息强于远离参照点的位置。距离参照点越近，隶属概念越确定，参照点传递地价信息的能量越强。参照点本身的信息能量为最强（完全隶属概念），其确定度也最高。距离参照点越远，参照点辐射出的地价信息能量越弱，隶属概念的程度越低，也越不确定，地价信息辐射随距离衰减的速度很快，当超过一定的距离时，参照点辐射出的地价信息会很快衰减到甚至可以省略的程度。这与一般的研究是相符的。前面曾经提到在Maurice H. Yeates（1965）的研究中发现即使是城市中地价整体辐射能量最强的CBD，其地价衰减距离也超不过1.5英里。

然而，地价场的整体效应一旦形成，在一定时期内总是能保持稳定，这正是参照得以发挥作用的基础。每个确定的参照都以自己为中心，向外独立辐射自身的地价信息。如果不同参照位置之间的距离足够近（小于地价参照辐射快速衰减的最大距离），那么对于这其中的每一个参照来说，它在向外辐射能量的同时也会接受到来自其他辐射源的能量。从场辐射的角度看，当几个辐射源同时向某个被观测位置发生辐射并彼此相遇时，这个被观测位置上的能量，等于各个独立辐射源辐射能量在该位置上所引起的能量之合成量（见图4.4）。

与其他场（如物理场）所不同的是，地价场中的这种能量的合成只能是某种平衡态而不会是能量的叠加。因此，到达某个位置的辐射不管来自哪个参照的作用下，在理想的情况下它们所传递的信息都应该是一致的，而最终该位置的信息代表了这种平衡的能量。显然，在所有的这些信息传递中，来自最近的参照点的信息最为明确，这就是地价参照的就近性。地价参照的就近性为每个参照点划定了自己的影响域。这里，我们把"域"定义为对地价同性（或相关性）的最大的认知空间范围。

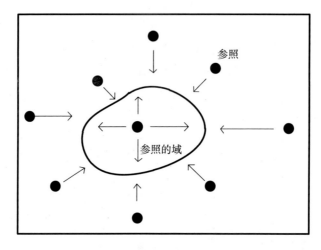

图 4.4　相对稳定的影响域

从域约束的角度来看，参照只是其特定的影响域中没有出现数据的代表，地价场辐射就是每个参照点提供的信息能量都各自产生域辐射，并为其特定的影响域所分享。每个参照点在其周围的各个方向上均匀辐射的，都是参照点自身信息能量的某种空间形态的反映，即具有认知上的同质性。而各城市空间环境要素是地价场辐射的介质，介质的区间变化影响到地价场辐射的方向性和衰减程度的差异，使得地价空间从整体上表现出明显的区间差异性。

4.2　地价分布中涵盖的信息：武汉的案例

可以认为：城市的土地利用效益应以局部条件为基础构成微观场。而区域与区域之间的相互作用产生了城市土地收益变化的整体特征。微观地价场（区域内场）决定地价的微观差异，同时也保证了地价的相对均质性；而区域之间相互影响则决定了区位间地价的差异性，同时区域间平衡又保证了全局地价场的总体稳定性，因此地价场的关键特征是区域间特征，即区域与区域之间的关系。因此，城市土地利用收益分析的关键问题是对区域之间地价信息传递关系的测度，而这种测度则表现在对现有相邻土地收益信心的信息扩散能力的把握之上。

这可从两个方面来实现：第一是通过基本的"域内–域邻"关系的测度获取基本的区域分布形态特征；第二是对地价信息的相邻参照作用进行模拟，并从中获知土地收益信息扩散的能量传递途径——这将在下一节进行讨论。

4.2.1　地价参照模型的选择

在一定区域内，可以现有土地收益市价参照为中心作主要信息的覆盖，因此这种区域空间可以称作"基本域"。通过对基本域的空间统计，可以获知已知参照系统所能提供的测度环境，从而确定各模型所应采用的合适参数，并使得模型的分析能够建立在可比较的基础之上。

Voronoi 图以诸多具有空间实体特征的目标作为生长极，按距每一生长极最近原则，将整个连续空间剖分为若干个Voronoi 区，每一个Voronoi 区只包含一个生长极。在此基础上定义和形成的Voronoi 模型集成了矢量特征和覆盖特点，同时也具有了许多特性，如势力范围（influence region）、侧向邻近（lateral adjacency）、局域动态（local dynamization）等特性（Chen等，2004），为空间认知、空间分析与空间建模提供了重要手段（陈军等，2003）。

在Voronoi图的多种特性之中，势力范围特性是指对一个空间生长极目标而言，凡落在其Voronoi多边形范围内的空间点均距其最近，即其Voronoi多边形反映了其影响范围；侧向邻近特性是指两个相邻的空间实体具有公共的Voronoi边，由诸多Voronoi多边形组成的Voronoi图铺满整个二维空间，将诸空间生长极目标联系在一起，隐含地表达了空间生长极目标之间的全部侧向邻近信息（李成名等，1998）；局域动态特性在删除或增加一个空间生长极目标时，一般只影响其相邻的空间生长极目标，即对Voronoi图的修改只影响局部范围。很显然，Voronoi图的势力范围特性正满足了地价场中的微观参照场特征的表达，侧向邻近特性表达了地价场中各参照点之间能量的邻域联通性，而局域动态特性则正好与地价场中的参照替换相符合（见图4.5）。

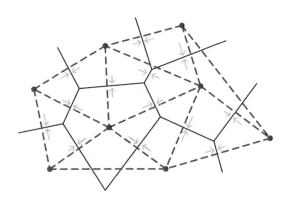

图4.5　Voronoi多边形与参照场的能量平衡网络

Voronoi多边形以中心扩散竞争的方式形成各参照的效应区，并最终以固定边界的形态将可能的域范围予以明确。通过对产生的Voronoi图上信息的统计和分析，可以获知基本的参照分布情况，这种分布情况主要体现在基本域的域邻关系上。

4.2.2 武汉市土地价值分布图

此处使用武汉市1994—2004年的905例出、转让交易样点数据（其中商业283例、工业125例、居住497例）进行武汉城区范围内的土地价值空间分布研究。其中，分别按照宗地地价评估的方法，将交易案例样点实际发生地价评估级日期修正到2004年1月1日和住宅的标准容积率（1.8）以及最高使用年限70年条件下，以保证交易案例样点修正后的地价与标定地价内涵一致。

研究表明，城市地价的分布具有同质性特征，而Voronoi 多边形参照模型是表现这种分布的较常用方式（Zheng等，2007）。为便于比较及消除一些不可知人为因素（如有的住宅地价会受到开发商

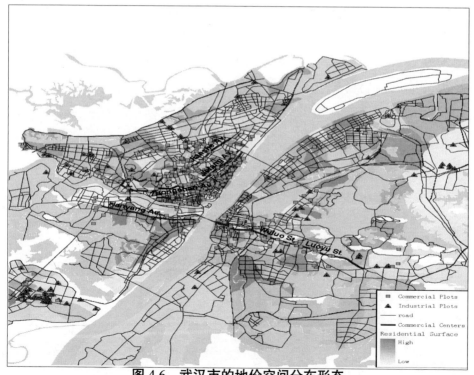

图4.6　武汉市的地价空间分布形态

炒作而与工业地价的市场价格表现出较大区别），将按照不同用地方式来做插值比较。而由于住宅用地的市场价格通常介于商业用地和工业用地之间，从住宅样点中生成一个用以比较的基准面会更有利于比较。此外，还有一个考虑到的因素就是所有的样点中住宅样点所占比例高达54.92%，因此用此样点所作基准面会更加平滑和准确，这也有利于比较的进行。

在图4.6中，武汉市地价的基准面是通过ArcGIS软件生成。图上住宅地价以生成的地价基准面表示，颜色深代表住宅地价也较高，商业样点以实心正方形代表，工业样点以实心三角形代表。

初步的比较结果表明：商业用地趋向于占据城市中心土地价位较高的地段。与之相反的是，工业部门的用地选择对城市边缘地区更为偏好——显然那些地方的地价相对要低。这似乎只是一种不言自喻的结论。但是如果把各类型样点的分布进一步同地价的分布进行匹配，我们在此基础上可获得更多信息。

在表4.1中，将住宅用地的地价按照自然分段（即按样本间距的最大分离处进行隔断）的方法将住宅地价的基准面分为5级，然后在每个级别范围内，对商业样点和工业样点的数量进行累计如下。

表 4.1 地价信息分类汇总

级别	平均地价（住宅用地）/（元/建筑平方米）	样点数量		
		商业用地	工业用地	总共
I	2 078	12	0	12
II	1 462	14	0	14
III	702	51	3	54
IV	418	86	32	118
V	222	120	90	210
汇总	—	283	125	408

很显然，在住宅地价最高的3个级别范围内几乎没有一个工业样点存在，而商业却表现出明显的空间适应性。但是与通常认为的城市用地按地价进行空间自然分段的想法所不同的是：在住宅样点存在的各个级别内，商业样点都大量存在；而由原始数据可知，住宅用地的样本在全市范围内也几乎是全面分布的（这也是我们用住宅样本来构造地价表面的原因之一），因此，这两种用地方式的差异对城市地价空间布局变化的形成并不会产生很大的影响。毫无疑问，关于地价（土地经济收益）的分布差异应从更为局部的视角来进行解释。

4.2.3　武汉市地价参照样本的统计

（1）基本域统计

通过创建Voronoi图，以及对Voronoi图中多边形的邻近关系的统计和多边形中心点的相对位置的量测，可以初步获得如表4.2所示的基本信息，其中多边形个数、邻居关系的对数、平均邻居个数反映了参照样本的总体分布状况，而平均参照样本间距、各多边形的平均邻居个数以及最小多边形面积则反映了样点分布的聚类情况（包括样点的邻近性）。

表 4.2　Voronoi图基本统计

指标	数值
Voronoi个数 / 个	905
产生邻居关系 / 对	2 703
多边形平均半径 / 米	680
相邻样点平均间距 / 米	756
平均邻居个数 / 个	6
最小多边形面积 / 平方米	6 796

由于样点集中于城市中心地区，而边缘地区的地价样点稀少，平均多边形面积并不具备解释性。因此，表中只给出了最小多边形面积6796平方米，以近似圆计其半径约47米。

在表4.2中得出两个平均间距，其中一个是两两相邻的样点间距的平均值，其形式为

$$\hat{d} = \frac{1}{n} \sum d_{ij} \qquad (4.1)$$

式中，n 为具有相邻关系的参照样点对，根据统计得知其值为2703；d_{ij} 为具有相邻关系的任意两点 i 和 j 之间的距离。

多边形平均半径是根据各样点跟与其相邻的所有样点之间距离的平均值表示的多边形半径求得的平均值

$$\hat{d} = \frac{1}{p} \sum_{i=1}^{p} \left(\frac{1}{q_i} \sum_{j=1}^{q_i} d_j \right) \quad (j = 1, 2, \cdots, \ q_i) \qquad (4.2)$$

式中，p 为多边形个数（905个）；q_i 为第 i 个多边形所具有的邻居个数，d_{ij} 为第 i 个多边形的中心参照与它的第 j 个相邻多边形的中心参照点之间的距离。

多边形的平均半径与相邻样点平均间距之间的差异（差异度分别为多边形半径的11.18%和相邻样点平均间距的10.05%）反映了样点空间分布的平均非均匀程度。

（2）临近影响距离统计

邻效应距离指具有直接相邻关系的Voronoi多边形的中心参照样本点之间的，能够产生信息交互的最远作用距离，它代表了相邻两Voronoi多边形之间联系的紧密程度以及其参照样本点可能对本域产生外参照影响的可能性。与邻关系的统计相类似，这里也使用与邻关系统计相类似的指标。由于距离是连续的指标，需要进行人工分类。本书采用自然分类方法（Natural Breaks），即按照样本分布的聚类情况，在间隔较大的位置进行换级。由于邻近距离的分异较大（从最小的1米到最大的19 897米），将总样本分为21级（最低级

别上限为50米，最高上限为20 000米）。因为其间存在着较大的差异，为消除量纲的影响，将单位信息含量设置为每百米包含信息量指标。此外，由于发现消除量纲之后的单位信息含量指标变异仍不明显，这里又增加了信息量累计增量百分比指标作为补充，其计算方式见公式（4.3）所示。样本的分类及统计情况见附录B。

$$g(d_i) = \frac{z(d_i)}{\sum_{j=1}^{i-1} z(d_j)} \qquad (i = 1, 2, \cdots, n) \qquad （4.3）$$

式中，d_i 为第 i 级距离上限，$z(d_i)$ 为第 i 级距离范围内的参照样本点对的个数，n 为总分类级别数。

图（4.7）给出的是样本在不同邻近距离分级条件下的分布状况。

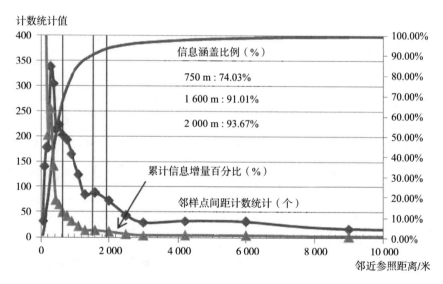

图 4.7　邻近影响距离的统计分布

图中给出了三条辅助线，分别在750米位置、1 600米位置和2 000米位置。前面分析中得出相邻样点平均间距与多边形的平均半径分别为680米和756米，这两个值正好大致落在621~750米级别区间，文中采用上限作为分级标志，因此在该位置做出辅助线，该位置的累计信息涵盖比例为74.0%；在1 600米位置是信息涵盖比例曲线的曲率变异点，该距离值以内具有相邻关系的样点对数的比重占总比重的91.01%，刚好涵盖了样点空间分布的平均非均匀度（约10%）以外的信息量。此外，由于刘耀林等（2004）在对武汉住宅地价分布的研究中发现，当空间两点距离大于2 000米时便不再具有相关性，这里对2 000米范围也作了分析。经比较发现，通过将邻近距离的范围从1 600米提高到2 000米（两者之间正好相差一个级别）之后，可以将累计信息涵盖比例提高到93.67%，而此时的信息增量百分比（约达3%）从总体分布趋势上看仍显示出一定的重要性。基于分析误差纠正的考虑，可以认为将信息涵盖率从刚好与样点空间分布的平均非均匀度（约10%）呈互补的91.01%提高一个级别到2 000米范围的93.67%来提高分析的可靠性是更可行的一种方法。

表 4.3　Voronoi图面积统计

面积/平方米	类圆半径/米	个数统计	百分比	累计百分比	增量百分比
6 796～206 300	47～256	521	57.6%	57.6%	—
206 301～554 800	257～420	209	23.1%	80.7%	40.10%
554 801～1 113 000	421～595	86	9.5%	90.2%	11.77%
1 113 001～2 112 000	596～820	39	4.3%	94.5%	4.77%
2 112 001～3 885 000	821～1 112	24	2.7%	97.2%	2.86%
3 885 001～7 334 000	1 113～1 528	7	0.8%	98.0%	0.82%
7 334 001～16 845 000	1 529～2 316	9	1.0%	99.0%	1.02%
16 845 001～37 300 000	2 317～3 446	9	1.0%	100.0%	1.01%
37 300 001～118 993 453	3 447～6 154	1	0.1%	100.1%	0.10%
总共		905	100.0%	—	—

此外，本书通过对Voronoi图的面积作类圆半径❶计算的结果统计表明，半径800米和1 100米是宜选用的最大半径（表4.3），这证实了上述最大邻近效应距离（1 600/2 000米）的结论。而这一距离尺度大致与武汉东湖开发区的体量特征相符合，这说明基于本数据采集和测定地价与用地方式的关系对武汉东湖开发区的讨论是有效的。因此，在下文中可以此为基础作进一步空间量算。

4.2.4 武汉市地价分布的均衡性测度

Voronoi多边形插值是基于内生参照模式的方法，因此并未考虑到域-邻关系。这也是它所表现出来的地价空间分布的直观连续性不如其他插值方式典型的原因。但是由于Voronoi多边形产生的基本域是固定的，由Voronoi多边形所产生的插值结果更符合地价的临近参照特征，并且在此基础之上也可进一步比较相邻参照域内的地价是否能大致保持一致性。这种直接的邻域关系分析显然有助于人们了解当前的某块土地利用是否外部性有效。

（1）测度原理

从Voronoi全图上获得的邻域一致性信息有时会体现出"均衡"这一概念本身的模糊性。虽然可以猜测地价分布的连续性是全局性的，但是均衡性的存在并不是全局的。从前面的经验可知，"均衡"和"非均衡"都是地价空间分布的特征之一。作为两个极端的情况，"均衡"和"非均衡"构成地价空间分布状态描述的一个空间，每一个"域"与"邻"的"均衡性"测度值都体现了在这个空间上的一个分布。如果对这个空间上的分布的每一个值进行统计，并进行归类比较，则可以实现对整体连续性的测度。

---

❶ 在这里，研究中所采用的"类圆半径"是指：将Voronoi多边形看成为近似圆形，然后以求圆半径的公式 $r = \sqrt{S/\pi}$ 求出其中心参照点到域边界的大致距离的估算值的方法。由于这种方法并不能做出精确的判断，在这里只是作为辅助性的论证手段来使用。

而邻域关系是Voronoi图的最基本空间关系。通过构建Voronoi图，在全域范围内产生 n 个多边形，其中每个多边形都对应于唯一中心参照。对这其中的每个多边形而言，其拥有的邻居是可确定的，因此，可建立每个多边形与周围所有邻居之间价值的比值关系，其公式如下

$$\begin{cases} \tau(x_i) = \dfrac{1}{n}\left(\displaystyle\sum_{i=1}^{n} z(x_i) \middle/ \sum_{j=1}^{p_i} w_{ij} \cdot f(d_{ij}) \cdot z(x_j) \right) \\ \displaystyle\sum_{j=1}^{p_i} w_{ij} \cdot f(d_{ij}) = 1 \end{cases} \qquad (4.4)$$

式中，$\tau(x_i)$ 为第 i 个（$i = 1, 2, \cdots, n$）参照 x_i 所在Voronoi多边形的"域—邻"均衡性测度指标，它是由该多边形自身的地价 $z(x_i)$ 与其周边（直接相邻）的 p_i 个多边形的加权平均地价的比值表示。而与其相邻的第 j 个多边形的权重值 w_{ij}，又与多边形的重心参照 x_j（这里 $j = 1, 2, \cdots, p_i$）与参照 x_i 的距离函数 $f(d_{ij})$ 有关，对每个多边形而言，要求其相邻多边形的参照对它自身的参照之间距离函数的权重之和为1。

显然，当全域都为同样的地价时，$\tau(x_i)$ 出现代表最佳均衡性的特征值1，而 $\tau(x_i)$ 与1偏离越大，说明土地收益分布的均衡性特征越不明显。

（2）测度结果

由于Voronoi图的强制对称特征，相邻多边形之间的能量冲突——不管是从方向强化的线角度还是方向扩散体（面）的角度，最终都能集中在某个点上。冲突集中点正好处于相邻参照的正中心位置，因此，在这一点上的冲突体现了这个方向上的"域—邻"非均衡性（见图4.8）。

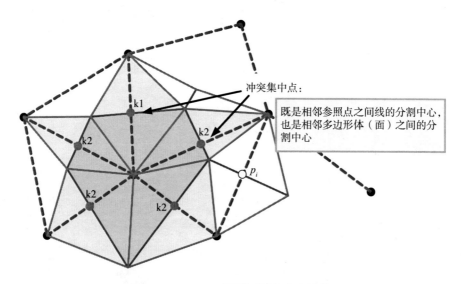

冲突集中点：

既是相邻参照点之间线的分割中心，也是相邻多边形体（面）之间的分割中心

图 4.8　Voronoi图的强制对称结构

通过将所有方向上的"域—邻"非均衡性求平均值，就能统一各多边形边数不同所带来的量纲差别。因此，公式（4.4）可以简化成公式（4.5）的形式。

$$\tau(x_i) = \frac{1}{n}\left(\sum_{i=1}^{n} z(x_i) \Big/ \left(\frac{1}{p_i}\sum_{j=1}^{p_i} z(x_j)\right)\right) \qquad (4.5)$$

通过计算，获得的各Voronoi多边形的"域—邻"一致性指标分布在"非均质～均质～非均质"所定义的(0.1]～[1,∞)空间上，其值在这个空间上的聚类反映了整体地价的均质性状态。聚类统计首先按照自然分类法进行，然后在这个基础上对区间进行人工调整，从而表现为较易解释的形式（表4.4）。

在表4.4 B列中，参考自然分类的区间边缘，把人工分类的标度定在1：3、1：2、1：5这几个值之间，因为均衡性指标的值比对称特征，级别最终被划分为7级。其中，多边形外部地价高于多边形内部的状态可以定义为"外超"，即出现了地价"漏斗"；反之则可将之定义为"内超"，即地价明显高于四周；在2/3～4/3，由于接近最佳均衡值1，被看作为基本（接近）平衡态，表示地价呈连续分

表 4.4　基于Voronoi图的"域—邻"土地收益一致性区间统计

（A）自然分类			（B）人工分类			
分类区间	统计数	各分类比例	分类区间	描述	统计数	各分类比例
0.040 ~ 0.210	92	10.2%	0 ~ 1/5	超高外超	86	9.5%
0.211 ~ 0.370	88	9.7%	1/5 ~ 1/2	高外超	196	21.7%
0.371 ~ 0.540	125	13.8%				
0.541 ~ 0.720	107	11.8%	1/2 ~ 2/3	外超	105	11.6%
0.721 ~ 0.900	82	9.1%	2/3 ~ 4/3	基本平衡态	315	34.8%
0.901 ~ 1.080	103	11.4%				
1.081 ~ 1.310	102	11.3%				
1.311 ~ 1.620	79	8.7%	4/3 ~ 2	内超	113	12.5%
1.621 ~ 2.120	39	4.3%				
2.121 ~ 2.940	38	4.2%	2 ~ 5	高内超	60	6.6%
2.941 ~ 4.450	16	1.8%				
4.451 ~ 7.280	12	1.3%	5 ~ ∞	超高内超	30	3.3%
7.281 ~ 14.710	15	1.7%				
14.711 ~ 24.630	3	0.3%				
24.631 ~ 55.030	4	0.4%				
总计	905	100.0%	总计		905	100.0%

布（或者表现为与四周持平，或者表现为位于地价均匀变化的中间传递位置）。

　　结果显示，整体的"域—邻"土地收益均质性特征主要体现在两个特征值区间内：其中最主要的是（2/3 ~ 4/3）区间的平衡态，数量占了总数的34.8%；另一个是（1/5 ~ 1/2）区间的"高外超"

状态，占21.7%。两者总比例占到了总数的56.5%。此外，处于"外超"状态的多边形数量显然大于"内超"状态的多边形数量。

当通过图4.9的形式对表（4.4）进行描述后，从人工数列分类的走势线可看出存在大致向中心（均衡态1）"凸起"的效果。而从生成的趋势线（三次曲线）的形状上来看，实际中心略向外超状态偏移，中心值大约位于0.58的位置上。两者的区别正好显示了地价均质性空间分布的局部和整体（三次趋势线反映了整体趋势）的关系：地价的空间分布一方面有区间均质的趋向（如相同用地的聚集）；另一方面从整体上又呈现为区位间地价的相异性，这可能会表现为地价的整体空间衰减、高峰性地价区域以及城市边缘区域的差异等。

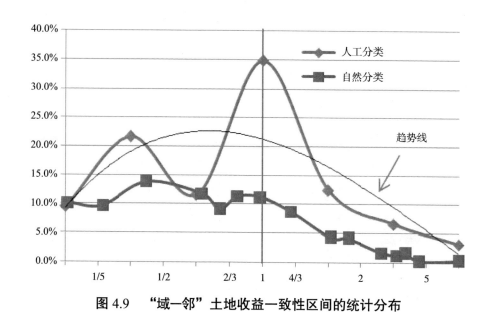

图 4.9　"域—邻"土地收益一致性区间的统计分布

同时，在图中也可以看出，整体趋势线向"外超"方向凸起，并且从人工分类的走线形态上也可以发现（1/5～1/2）的"高外超"状态处出现一明显峰值，这表明在现有城市用地过程中，在一些地点出现局部效益的严重弱化现象（即地价洼地）。为什么会产生这种现象？有必要在下文中对此进行研究。

4.3 利用工业布局提高城市土地利用效用的可能

在热力学中，熵是度量一个系统混乱程度的物理量，熵的变化用以衡量一个系统是走向混乱还是走向有序（杨德才等，2002）。1948年，Claude Elwood Shannon用概率测度和数理统计的方法定义了信息熵的概念，并以它来表征信源的信息含量（Li等，2002）。与热力学的熵相反，在信息熵的概念中，系统的信息量的增加表明不确定性的减少，有序化程度的增加（周怀珍，1980）。Zhilin Li等（Li等，2002）在此基础上提出了基于Voronoi图的地图信息测度方法[公式（4.6）]，并以之作为评测地物信息几何分布的指标。其公式如下

$$P_i = S_i/S \qquad (i = 1, 2, \cdots, N)$$

$$H(X) = H(P_1, P_2, \cdots, P_N) = -\sum_{i=1}^{N} (S_i/S) \ln(S_i/S) \qquad (4.6)$$

式中，S 为总面积，S_i 为每个Voronoi多边形的面积，P_i 为面积为 S_i 的多边形出现的概率。在Zhilin Li等的Voronoi图信息熵公式，每个Voronoi多边形都是一个信息源，在信息源数量不变的情况下，根据信息熵公式的定义，当所有的Voronoi多边形均匀分布时，P_i 出现的不确定性最小，$H(X)$ 获得最大值，此时图上的集聚程度最小。因此，该公式可测度空间目标的分布均衡性状态。

为使土地收益能力的空间分布状态也可测度，需要将Zhilin Li的Voronoi图信息熵公式扩展为同时包括地价信息和空间分布信息的综合体。因此，这里提出将二维熵扩展为立体熵的思路。如果在二维平面空间的基础上为每单位土地上都附上地价信息作为z值，那么地价的空间分布就作为指定空间范围的总地价形式的地价—空间

综合体出现；由于立体熵是基于Voronoi方法剖分生成，这种综合体的信源数量及信源分布上都和二维Voronoi图相同，因此二、三维熵结果就取得了可比性。如果地价分布均匀，两者将取得较好的一致性。其公式如下

$$P_i = V_i/V, \quad V_i = S_i \cdot z_i$$

$$H(X) = H(P_1, P_2, \cdots, P_N) = -\sum_{i=1}^{N}(V_i/V)\ln(V_i/V) \qquad (4.7)$$

式中，V_i 为空间面积与作为z轴的地价所构成的体积，$V = \sum V_i$；P_i 为体积为 V_i 的地价空间综合体出现的概率。

由于地价和面积之间有量纲的差别，如果两者的量纲相差太大，那么量纲较大的因素将主导最终结果，比较的目的也将无法达到。因此，如果需要进行地价分布均质性的验证，首先需要进行标准化，以统一量纲。但是地价分布的均质性可通过图上直接看出，因此并无作此研究的必要。这里本书选择将不同用地条件下地价空间分布带来的差异性进行对比，用以获知用地条件对地价空间分布的熵稳定性的影响。虽然在立体熵与二维Voronoi图的几何熵比较所得的熵差很小，但是并不妨碍纵向（分用地类型）的比较，因此这里无须进行量纲的统一。

表4.5反映了：当使用不同类型的地价样本构建Voronoi多边形时，在同时计及地价信息和只计及空间分布信息两种情况下表现出熵稳定性差异。

从表中可以看出，"商+住"的组合模式下的立体价熵与平面几何熵之间的熵差最大，因此表现出使原有的二维域面空间分异（中央密而小，四周疏而大）均匀化的趋势，从前面分析中可知城市中央的样本密集，Voronoi多边形面积也大多小于边缘多边形面积，因此，对此情形可能的解释就是城市中心出现大量均匀分布的高价值样点，将原先Voronoi多边形中央集中的形态在立体维上离散化了，因此以此测度下的（空间+价值分布）形态更为均衡。

表 4.5　不同用地条件下地价空间分布的熵稳定性比较

样本类型	样本数	Voronoi图的几何熵	立体价熵	熵差
商业	283	3.582 116	3.597 1	0.014 984
住宅	497	4.028 412	4.007 2	-0.02 121
工业	125	3.623 576	3.478 9	-0.14 468
商+工	408	4.303 644	4.253 3	-0.05 034
住+工	622	4.568 967	4.662 2	0.093 233
商+住	780	4.212 789	4.636 8	0.424 011
商+住+工	905	4.726 549	5.020 8	0.294 251

　　而在只存有工业用地的情况下，熵差表现为相反的情况，这说明可能在工业用地样点集中的同时，较低地价也在同样程度上进行聚集。而商业、住宅、"商业+工业"组合及"住宅+工业"组合中的熵差较小，这表明地价的空间分异与样点的空间分布分异在一定程度上取得了耦合。当商、住组合再加上工业用地组成全数据的Voronoi图以后，二、三维的熵差明显减少，这说明工业地价与商、住地价的组合在空间聚集性上获得了进一步的加强，这可能与当前城市用地分布的格局有关。而当将住宅地价加入到有商、工的组合中或者将商业地价加入到有住、工的组合中后可以发现，地价空间分布的离散趋势加深，因此表现为熵差的大幅度提高。

　　这些结果在论证地价空间均质性特征的同时，也显示出两种趋势：一是当前武汉市内土地收益能力的聚集与用地类型的空间聚集有很大的相关性；二是当前武汉市内，除工业用地以外的其他不同用地类型的集合体现出较强的空间选择性，因此才会表现为"组合+1"（即某"两种用地的组合+另一种用地"）的形式在应用于不同用地选择时表现为不同熵差的现象。而熵差的提高说明城市趋于均衡化发展，因此前一种趋势不利于土地的集约化利用，而后一种则反之。

4.4　小结

对城市土地利用结构的评判在技术上是可行的。因为城市地价通常具有非常强烈的临近参照性，因此，在一个均衡发展的城市中，地价的衰变也应该是大致均衡的，由此便可通过大量的地价样本大致分析出城市的土地利用结构是否合理。而对于一个设有开发区的城市而言，如果如前文所述：开发区能较好地融入母城环境，那么就不应在城市地价的分布形态上出现显著的洼地现象，否则说明土地利用不集约。而本章通过统计论证确实发现武汉市（的开发区设置）存在用地不集约现象。在此基础上，通过对不同样点组合分布所做的熵稳定性测度实验，可以证明在现有用地格局下，工业用地的单一化集中并不利于城市均衡化的土地集约化利用，而混合形态的土地利用格局则可测度出较好结果——确切地说是融入一定量的商业和住宅明显有利于城市整体用地环境的改善。

第五章 开发区土地集约利用模式的选择：
武汉东湖开发区案例

5.1 武汉东湖开发区

武汉东湖高新技术产业开发区（以下简称武汉东湖开发区）是一家由国务院认定的综合型高新技术产业开发区，是华中地区最具代表性的研究对象。它以武汉城市区为发展背景，以光电子与信息、生物及医药、环保和资源综合利用为主导产业。

5.1.1 地理位置与历史沿革

武汉东湖开发区自1984 年开始筹建，1988年武汉东湖开发区正式成立，1991年经国务院批准为国家级重点高新技术产业开发区；2000年被国家科技部、外交部批准为APEC科技工业园区；2001年被原国家计委、科技部批准为国家光电子产业基地，即"武汉·中国光谷"。

自创立以来，武汉东湖开发区的公告范围几经变更，具体如下。

①1991年，原国家科学技术委员会文件以《关于审定部分国家高新技术产业开发区区域范围、面积的函》（［91］国科发火字918号）批准确定："区域面积：武汉东湖新技术开发区总有效面积为24平方千米，其中集中新建区面积为4平方千米。区域边界：东南边临南环铁路，南临南湖北路，向西沿津水闸路、复兴路至长江边的临江大道，沿彭刘杨路到武珞路至付家坡，向北沿中南路、中北路至徐东路，沿东湖路向南至东湖南路（东湖水域南岸）接南望山、

喻家山以南，至城建学院东界向南延伸与南环铁路相交。"

②1999年，科学技术部以《关于同意调整广州、武汉高新技术产业开发区区域范围的函》（国科函高字［1999］061号）批准："同意将边界为京广铁路以东 — 武珞路以南 — 丁字桥以西—武铁中心医院北规划路以北（武汉煤炭设计院占用的0.1平方千米除外）的1平方千米不易开发利用的土地调出东湖新技术开发区；将位于吴家山台商投资区内，具体边界为107国道以南 — 团结大道以北 — 新城五路以西 — 新城九路以东的1平方千米土地调入武汉东湖新技术开发区。调整后，武汉东湖新技术开发区总面积保持24平方千米不变。"

③2001年，科学技术部以《关于同意调整重庆、武汉高新技术产业开发区区域范围的函》（国科发高字［2001］56号）批准："同意将武汉东湖新技术开发区内，边界为丁字桥路以东、南湖北路以南、珞狮南路以西、省农科院北边规划路以北的1平方千米不易开发利用的土地调出开发区；将位于江汉区，边界为常青路以西、张公堤以南、张公子堤以东、汉丹铁路以北的江北民营科技园1平方公里土地调入武汉东湖新技术开发区。调整后，武汉东湖新技术开发区总面积保持24平方千米不变"。

④2006年，中华人民共和国国土资源部以《第三批落实四至范围的开发区公告》（2006年 第 2 号公告）公布：按照国务院"各开发区四至范围由国土资源部另行公布"的要求，根据公告的开发区面积和规划审核确定的开发区边界，经对各省、自治区、直辖市上报的开发区四至范围文字表述和边界拐点坐标进行核对，北京经济技术开发区等111个国家级开发区在开发区四至范围图上标示的开发区边界形状及按边界拐点坐标计算的开发区面积与规划审核确定的开发区边界形状和公告的开发区面积一致，并按要求设置了开发区界桩。现将上述开发区四至范围予以公告，同时在国土资源部网站公布开发区四至范围、界桩坐标点号及开发区边界形状图。

　　最终审核的武汉东湖开发区公告范围主要包括政策区、关东科技园、关南科技园、吴家山海峡两岸科技产业园、江北民营科技园共5个区块，开发区公告审定面积2 400万平方米。武汉东湖开发区的公告范围分布则如图5.1所示，5个区块的四至范围、公告界址范围图斑面积和审定面积如表5.1所示。

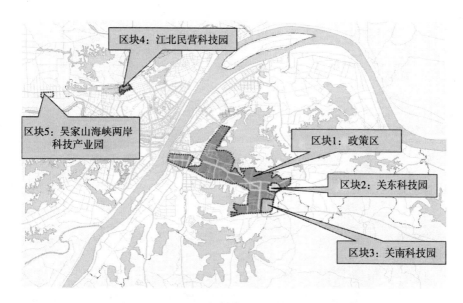

图 5.1　武汉东湖新技术开发区的公告范围分布

表 5.1　武汉东湖新技术开发区的公告范围及面积情况

编号	区块名称	四至范围	公告界址范围图斑面积/hm²	审定有效面积/hm²
1	政策区	东至南环铁路，南至南环铁路、南湖北路、津水闸路、复兴路，西至临江大道、中南路、中北路，北至东湖南路、东湖水域南岸、南望山、喻家山	4 985.52	1 800

续表

编号	区块名称	四至范围	公告界址范围图斑面积/hm²	审定有效面积/hm²
2	关东科技园（集中新建区）	东至武汉缝纫机厂，南至南环铁路，西至关山二路，北至珞喻路	142.08	400
3	关南科技园（集中新建区）	东至南环铁路，南至南环铁路，西至规划路，北至凌家山北路	257.36	
4	吴家山海峡两岸科技产业园（集中新建区	东至新城五路，南至团结大道，西至新城九路，北至107国道	107.02	100
5	江北民营科技园（集中新建区）	东至常青路，南至江达路，西至张公子堤，北至张公堤	101.14	100
	Σ	—	5 593.12	2 400

资料来源：武汉市国土资源规划局东湖新技术开发区分局。

其中关东科技园、关南科技园、江北民营科技园和吴家山海峡两岸科技产业园四个片区是集中新建区，范围内的土地和开发建设进行统筹规划、统一管理。综合来看，四个片区的发展各具特色。

①关东、关南科技园。关东科技园位于关山一路以东，珞喻路以南，关山路以北，南环铁路以西区域。关南科技园位于凌家山北路以南，关山一路以东与南环铁路围合的区域。关山二路的延伸把关东、关南两大园区紧密连在一起。

关东科技园集中发展以电子信息产业为主的高新技术产业，进入关东科技工业园的企业有长飞光纤光缆有限公司、武汉NEC中原移动通信有限公司、武汉日电通信有限公司、武汉四通股份公司等三十多家中外企业。根据《武汉东湖高新区经济和社会发展

"十一五"规划纲要》的要求，关东科技园将在原园区的基础上，依托现有的光纤通信产业基础，进一步发展光电子产业，形成国家光电子信息产业基地。

关南科技园集中发展生物工程及生物制药、新材料等高新技术产业，已有武钢辉宝复合材料有限公司、红桃K集团股份有限公司、武汉健民伟康有限公司、武汉泛科电力电器实业公司等十余家高新技术企业入驻。根据《武汉东湖高新区经济和社会发展"十一五"规划纲要》的要求，关南科技园将在现有园区的基础上发展，重点引入生物工程和新医药产业，形成以各种高技术生物工程及新医药产业为主的生物工程产业园区。

②吴家山海峡两岸科技产业园。吴家山海峡两岸科技产业园位于武汉市汉口地区，环绕城区，城郊相连。距市中心商业区10千米，距汉口火车站7千米，距武汉天河国际机场18千米，距长江外贸码头15千米。吴家山科技园与八大交通要道相连，即107国道、316国道、京珠高速公路、汉渝铁路、汉江水运航线、武汉市中环线、武汉绕城公路、天河机场高速公路，各交通要道在此相互汇通、纵横交错。

1992年，经湖北省人民政府和武汉市人民政府批准，在东西湖区成立了武汉吴家山台商投资区。2000年1月，经国务院台湾事务办公室和国家科技部批准，成立了国家级武汉吴家山海峡两岸科技产业开发园。2002年，经国家环保总局批准，成为生态示范建设区。同年，经国家农业部批准，成立了武汉食品工业加工区。园区基础设施完备，已完成供水、供电、道路、电信、管道燃气、排污以及金融保险、教育、生活娱乐等基础设施建设。其中：供水有日供水量100万吨和13万吨自来水厂各一座，水质优良，四季供应均衡；电力来自华中电网和自备电厂，拥有110 kV双回路供电系统；道路已形成以107国道和金山大道为轴线，幅宽为32.5米和30米的棋盘式区内道路网。东西湖区吸引包括美国百事可乐公司、法国达能公司、日本伟福汽车配件公司、菊池汽配公司、森六汽配公司、台湾统一企业集团、台湾远东集团、台湾华城电机公司、香港新世界集团、香港华润集团等一大批国际知名企业来区投资。

③江北民营科技园。江北民营科技园位于长江以北，武汉中环线以内，紧临天河机场高速公路入口，与汉口火车站仅2千米车程，距武汉港仅12千米车程，交通便利，城市功能完备，属中心城区范畴。

江北民营科技园是在江汉经济发展区的基础上打造的园区品牌，是江汉区政府振兴制造业的重要基地。2001年2月28日，国家科技部正式下文对武汉东湖新技术开发区区域范围作适当调整，江北民营科技园1平方千米调入武汉东湖新技术开发区，江北民营科技园正式享受国家级高新技术开发区优惠政策。2002年被评为全国优秀民营科技园区。2006年被评为全国先进科技产业园。

江北民营科技园重点扶持高校、科研院所及广大科技人员、民营企业家入园转化科技成果，创办民营高新技术企业；建立和完善高新技术创业服务中心和中小科技企业生产力促进中心等中介服务机构；筹集风险投资(创业)资金和贷款担保资金，按照投资主体多元化的原则建立科技风险投融资体系，为民营科技企业创业和发展提供帮助。目前，园区共引进湖北省移动、湖北京山轻机、日本美能达、长江交通科技、武汉维豪以及太和、爱帝、中信等一批知名企业，形成了以民营经济为主体，以通信信息、光机电一体化、生物医药及环保为主导的高新技术产业与汉派名优服饰业并存发展的产业特色。

对于政策区，由于在设立时并没有公布其有效范围的界址点及其坐标，而是只对其有效面积进行了说明。因此湖北省国土资源厅、武汉市国土资源和房产管理局、武汉市国土资源管理局东湖新技术开发区分局有关领导和项目专家按照集约利用评价规程和对政策区有效面积的描述，在扣除高山、水域、海滩、绿化带等面积后，确定3个区片为政策区的有效范围（如图5.2所示）。

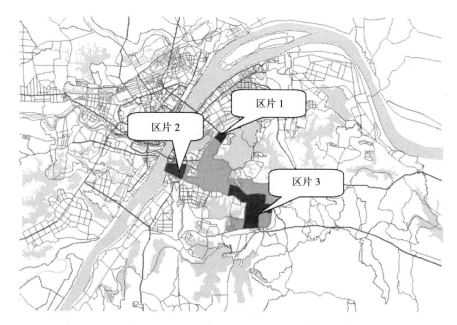

图 5.2　东湖新技术开发区政策区范围界定图

政策区范围内以城镇住宅用地和公共管理与公共服务用地为主（分别占政策区总面积的31.50%和25.63%）。由于政策区位于老城区、郊区的智力、技术密集区，在该区域内经过认定的高新技术企业可以享受开发区优惠政策，即其实际上是一个城市中心区，有别于传统意义上的开发区。其中工矿仓储用地宗地总数为67宗，其面积仅占政策区总面积的10.54%。但是其中包括了国营造船厂、武汉东湖高新股份有限公司、中国长江航运集团等多家高新技术企业。

5.1.2　产业发展与投资环境

武汉东湖开发区以光电子信息产业为核心，综合了教育、科研、生产和生活等各功能组团；以招商引资和产业发展为重点，不断开拓创新，促进了开发区经济持续快速发展和社会事业全面进步，带动了武汉地区乃至湖北省的高新技术的整体腾飞。

武汉东湖开发区的产业经济具有以下特点。

①武汉东湖开发区形成了以光电子信息产业为主导，能源环保、生物工程与新医药、新材料、机电一体化和高科技农业竞相发展的产业格局。光电子信息产业占全区产业规模的50%以上，从业企业700多家，包括信息光电子、能量光电子、消费光电子、软件等各领域；能源环保产业发展势头强劲，主要包括固体、液体、气体废弃物处理设备及工艺，可降解材料等；生物医药产业生产新型中西药、生物保健品、生物农药、基因工程药品等为主；机电一体化产业国内市场占有率达70%，高性能网络数控系统达到国际先进水平；高科技农业主要包括高新技术蔬菜、畜禽、淡水养殖业、花卉和瓜果生产基地、农副产品深加工、农业生物工程等。

②武汉东湖开发区已建设成为我国重要的光电子信息技术研发和产业化基地，成为湖北省高新技术产业发展的龙头。开发区内建成了国内最大的光纤光缆、光电器件生产基地，最大的光通信技术研发基地，最大的激光产业基地。光纤光缆的生产规模居全球第二，国内市场占有率达50%，国际市场占有率12%；光电器件、激光产品的国内市场占有率40%，在全球产业分工中占有一席之地。

③武汉东湖开发区是全国屈指可数的智力密集区之一，成为武汉市对外开放重要窗口。开发区涉及范围内汇聚了武汉大学、华中科技大学、武汉理工大学等23所高等院校，武汉邮电科学研究院等56个科研设计单位，华工激光等10个国家重点实验室，700多家技术开发机构，每年科技成果1 000余项。在开发区（实际管辖区内）已形成包括关东工业园、关南工业园、南湖农业园、华软软件园、曙光软件园、武汉大学工业园、华中科技大学工业园、华中师范大学工业园、武汉理工大学工业园、长城工业园等"一区多园"的科技新城格局，成为武汉市对外开放的重要窗口。

④武汉东湖开发区成为武汉市乃至湖北省经济发展的重要支

撑。自2006年以来，武汉东湖开发区各项主要经济指标连续2年保持30%以上的增长速度，见表（5.2）。

表5.2　武汉东湖新技术开发区2006—2008年主要经济指标一览表

指标名称	2006年	2007年	2008年
总收入/亿元	1 004.07	1 306.36	1 759.23
工业总产值/亿元	889.42	1 156.36	1 572.32
工业增加值/亿元	302.50	399.52	530.19
净利润/亿元	56.02	88.68	104.04
上缴税收/亿元	50.26	65.35	89.03

数据来源：武汉东湖新技术开发区统计年鉴（2008年）。

2008年，武汉东湖开发区完成总收入1 759.23亿元，同比增长34.67%；完成工业总产值1 572.32亿元，同比增长35.97%；完成工业增加值530.19亿元，同比增长32.71%；完成净利润104.04亿元，同比增长17.32%；上缴税收89.03亿元，同比增长36.24%，是武汉市乃至湖北省发展的重要经济支撑。

开发区自来水水源充足、水质优良，经净化处理，符合国家标准，现供水能力为22万m^3/日，供水状况良好；现有电力供应135 MW，变电站规划2 000 MW，拥有关山（22万伏）、鲁巷、光华、卓刀泉（均为11万伏）4座大型变电站，具有稳定电力保障状况；供气管道均铺到规划路边，只需连接到自己的厂房内即可；供热状况，武汉东湖开发区提供了用于工业及民用采暖等的供热设施；排水状况，规划处理排水总量20万m^3/日，污水分别进入沙湖污水处理厂、龙王嘴污水处理厂、汤逊湖污水处理厂进行集中处理；开发区内电信营业厅、宽带信息网络遍布全区，基本实现了网络数字化、传输光纤化、业务信息化和千兆到小区、百兆到大楼、十兆到桌面的目标，通信发达。

　　武汉东湖开发区不仅具备完善的基础设施条件，更有国际企业孵化器、知识产权交易市场、留学生创业园、IT产品市场、光电子市场和光电测试中心等产业化配套设施，拥有良好的投资创业硬环境。另外，为了提高利用外来资金规模，增强可持续发展的后劲，开发区针对入住园区的高新技术企业、三资企业、软件企业、集成电路企业、海外留学人员采取了多种优惠政策，并制定了招商引资中介人奖励办法，具备良好的投资软环境。

5.1.3　用地结构和规划实施情况

　　武汉东湖开发区地处东湖之滨，横跨武昌区、洪山区、江汉区、东西湖区等多个片区，对外交通发达，市内交通便利，对开发区经济发展十分有利。其土地总面积为2 413.03 hm^2，已建成城镇建设用地2 183.09 hm^2，占开发区总面积的90.47%；未建成城镇建设用地为229.94 hm^2，占开发区总面积的9.53%。其中，集中新建区土地总面积为607.60 hm^2，已建成城镇建设用地550.31 hm^2，未建成城镇建设用地为57.29 hm^2；政策区土地总面积为1 805.43 hm^2，已建成城镇建设用地1 632.78 hm^2，未建成城镇建设用地为172.65 hm^2。开发区现状土地利用结构如表5.3所示。

表 5.3　开发区土地利用状况统计表——按建设状况划分

类别	东湖新技术开发区			面积比例/%
	集中新建区/hm^2	政策区/hm^2	合计/hm^2	
开发区土地	607.60	1 805.43	2 413.03	100.00
1.已建成城镇建设用地	550.31	1 632.78	2 183.09	90.47

类别	东湖新技术开发区			面积比例/%
	集中新建区/hm²	政策区/hm²	合计/hm²	
住宅用地	42.53	587.16	629.69	26.09
工矿仓储用地	297.73	190.10	487.83	20.22
交通运输用地	89.31	295.89	385.2	15.96
其中：街巷用地	84.67	261.93	346.6	14.36
商服用地	25.43	29.31	54.74	2.27
公共管理与公共服务用地	90.75	441.12	531.87	22.04
其中：公园与绿地	12.84	37.98	50.82	2.11
其他城镇建设用地	4.56	89.19	93.75	3.89
2.未建成城镇建设用地	57.29	172.65	229.94	9.53
已建成农村建设用地	29.46	167.49	196.95	8.16
其中：已建成农村工矿仓储用地	0.00	0.00	0	0.00
其他未建成城镇建设用地	27.83	5.16	32.99	1.37
其中：已达到供地条件的其他土地	21.99	0.00	21.99	0.91
未达到供地条件的其他土地	5.84	5.16	11	0.46
3.不可建设土地	0.00	0.00	0.00	0.00
河湖及其蓄滞洪区土地	0.00	0.00	0.00	0.00
自然、生态保护区土地	0.00	0.00	0.00	0.00
其他不可建设土地	0.00	0.00	0.00	0.00
注：数据为截至评价时点数据				

资料来源：武汉市国土资源和规划局东湖新技术开发区分局。

在武汉东湖开发区已建成城镇建设用地中，住宅面积占开发区总面积的26.09%；工矿仓储用地面积占开发区总面积的20.22%；交通运输用地占开发区总面积的15.96%；商服用地占开发区总面积的2.27%；公共管理与公共服务用地占开发区总面积的22.04%；其他城镇建设用地面积占开发区总面积的3.89%。其中，开发区住宅面积和公共管理与公共服务用地比例较大，而工矿仓储用地比例较低，这主要是由于开发区内政策区的影响。政策区是武汉市的老城区，面积为1 800 hm^2，占开发区总面积的75%。由于其属于智力、技术和人口密集老城区，住宅及公共管理和公共服务用地比例较大，而工矿仓储用地比例较小，从而影响开发区总体土地利用结构，工矿仓储用地比例较低。

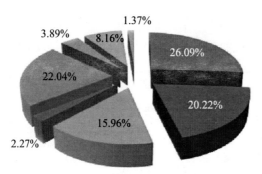

图5.3　开发区土地利用结构示意图

截至2009年年底，武汉东湖开发区高新技术产业用地面积为130.23 hm^2，占开发区总面积的5.40%，占工矿仓储用地面积的43.74%。其中，集中新建区高新技术产业用地面积为90.44 hm^2，政策区高新技术产业用地面积为39.79 hm^2。其基本情况如下表所示。

表 5.4 开发区高新技术产业用地统计表

类别	东湖新技术开发区			占开发区总面积比例/%
	集中新建区/hm²	政策区/hm²	合计/hm²	
高新技术产业用地	90.44	39.79	130.23	5.40
一类高新技术产业用地	90.44	39.79	130.23	5.40
二类高新技术产业用地	0.00	0.00	0.00	0.00
注： 数据为截至评价时点数据				

数据来源：武汉市国土资源和规划局东湖新技术开发区分局。

根据《武汉市城市总体规划（1996—2020年）》《武汉科技新城总体规划（2005—2020）》、吴家山海峡两岸科技产业园和江北民营科技园控制性详细规划等规划，对开发区规划的工业用地率、商服用地率、公共管理与公共服务用地率、公园绿地率等指标进行综合研究，分析规划用地结构。通过与现状用地的规模和结构进行对比，分析规划实施情况和各类尚可供应土地情况。

其中集中新建区规划用地结构以工业用地为主，进行集中连片开发，同时配以住宅、商服、公共管理与公共服务用地等配套产业用地；政策区老城区规划用地结构以住宅、商服、公共管理和公共服务用地等为主。

表 5.5 开发区规划用地结构及规划实施情况

类别	规划面积/hm²	建成面积/hm²	规划建成率/%
住宅用地	734.50	629.69	85.73
工矿仓储用地	526.74	487.83	92.61
交通运输用地	389.71	385.20	98.84

续表

类别	规划面积/hm²	建成面积/hm²	规划建成率/%
商服用地	78.46	54.74	69.77
公共管理与公共服务用地	555.40	531.87	95.76
公园与绿地	53.36	50.82	95.24

数据来源：武汉市国土资源和规划局东湖新技术开发区分局。

根据武汉东湖开发区规划用地实施情况分析，商服用地的建成率只有69.77%，尚可供应土地主要位于开发区集中新建区内。这主要是由于开发区集中新建区以工业用地为主的土地利用格局，使得商服用地建成率偏低；工矿仓储用地、交通运输用地、公共管理与公共服务用地、公园与绿地的建成率都已经超过90%，甚至接近100%，规划用地实施情况良好。

5.1.4 土地开发和建设情况

截至2009年年底，开发区已供应国有建设用地2 193.72万平方米，占开发区土地总面积的90.91%，土地供应率为99.48%。尚可供应土地219.31万平方米，占园区总面积的9.09%。在开发区已供应国有建设用地中，划拨用地1 382.71万平方米，占已供应建设用地的63.03%；有偿使用土地811.02万平方米，占已供应建设用地的36.97%。在开发区尚可供应土地中，尚可划拨土地5.50万平方米，占开发区总面积的0.23%；尚可有偿使用土地213.81万平方米，占开发区总面积的8.86%，其中尚可供应工矿仓储用地面积为23.48万平方米。详细供应情况如表5.6所示。

表 5.6　开发区土地利用状况统计表——按供应状况划分

类别	东湖新技术开发区			占总面积比例/%
	集中新建区/hm²	政策区/hm²	合计/hm²	
开发区土地面积	607.60	1 805.43	2 413.03	100.00
1.已供应国有建设用地	560.94	1 632.78	2 193.72	90.91
划拨土地	192.00	1 190.71	1 382.71	57.30
有偿使用土地	368.95	442.07	811.02	33.61
其中：有偿使用且未到期土地	368.95	442.07	811.02	33.61
有偿使用且已到期但未处置土地	0.00	0.00	0.00	0.00
2.尚可供应土地	46.66	172.65	219.31	9.09
尚可划拨土地	5.50	0.00	5.50	0.23
尚可有偿使用土地	41.16	172.65	213.81	8.86
其中：尚可供应工矿仓储用地	18.32	5.16	23.48	0.97
其他尚可有偿使用土地	22.84	167.49	190.33	7.89
3.不可供应土地	0.00	0.00	0.00	0.00
注：数据为截至评价时点数据				

数据来源：武汉市国土资源和规划局东湖新技术开发区分局。

2005—2009年武汉东湖开发区总供应土地面积225.79 hm²，年均供应土地面积45.16 hm²。其中集中新建区供应土地面积60.73 hm²，政策区供应土地面积165.06hm²。历年土地供应情况如表5.7所示。从开发区近五年的供地情况来看，近两年开发区土地供应数量较少，年均供应土地面积10.76 hm²；而2005—2007年土地供应数量较多，年均供应土地面积为55.02 hm²。这主要是由于开发区目前尚可供应土地以已建成农村建设用地为主，多处于政策区内，是老城区的城中村用地，开发较为困难，且该部分土地的规划用地结构以住宅、商服用地为主，尚可供应工矿仓储用地面积有限。故近两年开发区土地利用主要以调整用地结构为主，土地新供应数量较少。从土地供求趋势上分析，结合开发区产业发展定位，高新技术产业用地将成为开发区内主要供给对象。目前开发区内尚可供应工矿仓储用地的土地可供给数量有限，土地需求量大，处于供不应求的局面。

表 5.7　开发区历年土地供应情况统计表

	供应土地面积/hm²			供应工矿仓储用地面积		
	集中新建区	政策区	开发区合计/hm²	集中新建区	政策区	开发区合计/hm²
2009年	0	7.09	7.09	0	0	0
2008年	8.3	6.12	14.42	8.3	0	8.3
2007年	22.26	40.31	62.57	11.63	0	11.63
2006年	8.55	58.54	67.09	7.86	3.88	11.74
2005年	21.62	53	74.62	19.3	0	19.3
合计	60.73	165.06	225.79	47.09	3.88	50.97
注：数据为历年数据，包括已供应土地收回后二次（或多次）供应的土地面积						

数据来源：武汉市国土资源和规划局东湖新技术开发区分局。

截至2009年年底，武汉东湖开发区已建成城镇建设用地2 183.09万平方米，土地建成率为99.52%。开发区建筑总面积为2 700.50万平方米，建筑基底总面积为595.83万平方米，综合容积率为1.24，建筑密度为27.29%；其中工矿仓储用地487.83万平方米，工矿仓储用地建筑总面积为443.21万平方米，工矿仓储用地上的建筑物构筑物基底、露天堆场和露天操作场地的总面积为256.15万平方米，工业用地综合容积率为0.91，工业用地建筑系数为52.51%。开发区详细建筑工程状况如表5.8所示。

表5.8　开发区建筑工程状况统计表

项目	集中新建区	政策区	面积汇总
总建筑面积/万平方米	371.22	2329.28	2700.50
建筑基底总面积/万平方米	130.37	465.46	595.83
工矿仓储用地上的总建筑面积/万平方米	242.27	200.94	443.21
工矿仓储用地上的建筑物构筑物基底、露天堆场和露天操作场地的总面积/万平方米	155.79	100.36	256.15

注：1.数据为已建成城镇建设用地内的数据；2.数据为截至评价时点数据

数据来源：武汉市国土资源和规划局东湖新技术开发区分局。

武汉东湖新技术开发区于1991年被国家科委批准为国家级高新技术开发区，建区尚不足50年，截至2009年年底，武汉东湖开发区土地有偿使用实现率为100%，土地招拍挂实现率为100%。区内尚无有偿使用且已到期土地，到期项目用地处置率为100%。详细土地供应市场化情况如表5.9所示。

表5.9　开发区土地供应市场化情况统计表

项目	面积/hm^2
累计应有偿使用土地	323.39
其中：实际有偿使用土地	323.39

项目	面积/hm²
累计应通过招标、拍卖、挂牌方式出让的土地	219.63
其中：实际通过招标、拍卖、挂牌方式出让的土地	219.63
注：数据为截至评价时点累计数据，包括已供应土地收回后二次（或多次）供应的土地	

数据来源：武汉市国土资源和规划局东湖新技术开发区分局。

5.2 土地集约利用目标的构建指向

人们通常会认为高科技产业本身即意味着集约，因此倾向于以产业目标代表土地的效用目标。但是这在产业目标的具体化过程中常常存在着困难，因为虽然国家对于高新技术产业、高新技术企业以及高新技术产业开发区都已提出严格的认证标准，但是在这些认证标准的具体操作时中仍具有相当的模糊性。况且企业通过技术革新从传统型演变为高新型、抑或随着普遍行业技术水平的提高而从高新型重新轮回到传统型的潜变总在默默发生着，因此即使对于那些已经具有高新技术产业身份认定的开发区，或者正拟向高新技术转型的开发区来说，对于高新技术企业的筛选有时也并非总能奏效。而如电子信息产业与劳动密集型代工厂家之间的区别，或实际上仍旧带有严重缺陷的"阳光产业"（如高污染高能耗的高纯度单晶硅太阳能电池板生产）的存在等问题更为之增添了困难。此外，地方特点、领导偏好或其他一些偶然因素的影响往往也会在促进地方产业发展的过程中起到主导作用。因此，在本章的模式探讨中除了建议各开发区"根据地方基础做好现有产业的改造升级"以及"量力而行优化产业结构"的一般性建议外，再无法在产业选择方面提供更为明确的决策依据。

而地方特点、领导偏好或其他一些偶然因素有时还会带来另一种不确定：即开发区在具体土地利用特征目标选择上的不确定。其中最为突出的表现之一就是土地利用参与者的角色差异，例如一个信息企业的土地利用目标和一个机械加工企业的土地利用目标之间的差异，会在以此为主导（产业）的开发区特征目标构建过程中产生明显的反应，此外还有一些诸如地方政策、乡俗等因素也在其中起着作用。而模式是基于特征目标而定，因此即使对于具有群目标性质的模式而言，也应该本着具体问题具体对待的原则——实际上，这不正是地方特色和决策者智慧的体现之处吗？

本次的研究载体——武汉东湖高新技术产业开发区（以下简称：武汉东湖开发区）的内部具有多样化的形式，因此需要分区片讨论，而这为模式的讨论提供了丰富的素材。虽然本文亦难免受限于理论研究的针对性及现场性缺乏等问题，但是通过对一些抽象事物的归类总结，仍可在提供一般方法论论证之外，为武汉东湖开发区土地集约利用模式的进一步精炼提供一些有效的原型。

当然，本书讨论的是一些经过简化的场景，因此获得的也是一些普遍性的结论。因此，最后结论部分除了能为武汉东湖开发区的土地集约利用政策的制定服务外，还能为其他开发区——无论是那些已被鉴定的（省级）高新技术产业开发区还是其他正迈向高新科技发展之路的开发区所借鉴。

5.2.1 研究对象范畴的确定

土地集约利用是关于特定的"人"与特定的"地"之间的关系，因此研究对象也涉及两个：一个是武汉东湖开发区（地）；另一个是相关土地利用的决策影响者。

本章是基于武汉东湖开发区的具体场景而展开。

根据国土资源部2006年第2号公告《第三批落实四至范围的开发区公告》正式公布内容，武汉东湖开发区以光电子与信息、生物及医药、环保和资源综合利用为主导产业，在空间分布上分为集中新建的关东关南科技园片区、吴家山海峡两岸科技产业园片区、江北民营科技园片区以及分布在市区内的政策区4大版块（由于关东科技园和关南科技园两块集中片区相毗邻，因此人们有时也将这两块合并作为1个整体的关东关南科技园片区，分布在城市内部的政策区虽然集中分为3块，但各块之内无法组织规模化的产业协作关系，因此可将此3块看作1个版块。）。

实际上，在日常管理事务处理中，武汉东湖开发区的管辖权早已涉及位于关南科技园片区以南不远的以武汉大学工业园、华中科技大学工业园、华中师范大学工业园、武汉理工大学工业园为核心，以华软软件园、曙光软件园、长城工业园为外围的大学科技园群体以及往西行的南湖农业园片区。

武汉东湖开发区在此大片区域以东向郊外的拓展也正在进行之中，其范围可涉及武汉东郊的大片（由洪山区、江夏区委托的）托管区域，其中洪山区、江夏区各占一部分，产业发展与现有的武汉洪山经济开发区（以电力电气、光机电一体化、新材料为主导产业）和武汉江夏经济开发区（以光电子通信、生物制药、电力设备制造为主导产业）相结合，形成大片连续区域。

此外，即便是在已公共审核的区域内，开发区的空间格局与产业格局也并非总能保持一致。例如，吴家山台商工业园区片区和江北民营片区便远在武汉市西北郊，且互相并不相邻。其中江北民营片区与武汉江汉经济开发区融为一体，位置上与江汉区城区相依，紧紧毗邻即将兴建的武汉王家墩CBD，其产业与由湖北省政府审定的"江汉经济开发区"的主导产业高度一致，以机电一体化、服装、医药为主。而吴家山台商工业园区片区则位于远郊的东西湖区内的独立区域，产业也以食品饮料、机械电子、生物医药等相对传统的工业项目为主。

5.2.2　土地集约利用模式的定义

关于开发区的土地集约利用，可以从两个角度出发予以实现。一是提高单位土地的利用效率；二是提高土地利用的外部性整体效用。两者之间没有可比性，但是显然后者的实现是判断前者是否有效的前提。目前国内大多数研究都是从前者着手考虑，但是在后者的范畴内的相关理论方法研究较少，因此，本书基于土地利用效用（外部性）整体功能实现的考虑提出开发区土地集约利用的广义内涵和模式化析构方法。

城市土地利用的实质是依附于城市土地之上的社会生产关系体系之表现。因此在开发区土地利用之中必然包含三种类型的关系：一是产业（生产）关系；二是空间关系；三是治理关系。而土地利用的多元化（多主体化）"投入−产出"效率即在这三种关系中获得了统一。因此，模式化构析的"构"过程即可依次予以展开。

（1）基于产业关系的模式

就产业关系之上的"构"而言，现在已经大致形成了比较稳定的理论实践经验，具体来说，可以将之分为需要面向产业改造和需要面向产业配套两种情形下的发展模式，其分类与定义如表5.10所示。

表 5.10　基于产业关系的模式定义

分类	产业模式	模式含义
面向产业改造	置换模式	以低能耗、低污染、高产出的新兴产能替换高能耗、高污染、低产出的落后产能
	改造模式	对现有的低效产能进行改造升级

分类	产业模式	模式含义
面向产业配套	兼容模式	强调开发区的主导产业要辅以一定的本地化配套产业
	本地模式	以已在本地形成传统优势的、以雇用本地职工为主的产业为主导产业
	就地加工模式	以效率为先,兼顾本地劳动力就业的"双低"(低污染低能耗)产业发展策略
	产学研结合模式	突出科研机构和高校的配套
	大开发区模式	强调综合发展的综合产业园

当然,在很多时候开发区的产业发展还会面临一些较为复杂的情况,在此情形下就要使用到以上数种模式的混合,或者可能需要发展出一些新的产业发展模式。

(2)基于空间发展关系的模式

开发区是城市的一部分。关于开发区的选址在前文已有提及,即可出现:作为飞地,位于城市内部和位于城市边缘三种情况。

但是开发区并不仅是一种空间现象,更是一种空间社会现象和空间经济现象,开发区的空间形态总是跟随着城市的发展而不断变化。因此,开发区的这三种空间选择模式只能代表开发区的初始状态,而不能代表开发区与城市之间完备的空间关系。而这样的关系可以包括:"目前作为飞地的开发区是否需要在将来与母城在空间上合并到一起?"或者"一个位于城市边缘的开发区将来是要向城市外部扩张还是向城市内部渗透?"等这些问题。因此,开发区的空间发展需要一些动态的特征,而这些特征将不仅关系到开发区未来与城市的关系,而且还会涉及开发区的土地利用配套、社会发展结构等一系列问题。大致而言,开发区在空间发展上可采用的模式通常可以有以下一些模式（表5.11）。

表 5.11　开发区可采用的空间发展模式

空间形式	空间发展模式
作为飞地	完备新城、跳板式发展、有限依托母城资源、作为产业区独立发展
位于城市边缘	边界平行发展、向内嵌入母城、有限依托母城资源、作为产业区独立发展
位于城市内部	嵌入母城

以上所列的几种模式在实际情况下还可根据需要予以增补或组合。

（3）基于治理关系的模式

由于开发区的治理模式涉及面太广，故此在此不予多作深入。在下文讨论中仅指面对伴随产业发展而可能带来的环境问题等作一些特殊政策配套的情况，因此没有提出相应的"模式"。

（4）关于几种模式的关系

在本书中，功能结构主义的土地集约利用模式析构是关于以上几种发展模式的组合，重在"析"与"构"。而析构的基础是各种人地关系中的"投入—产出"均衡考虑以及语义上的逻辑性（即结构），其中前者即开发区土地集约利用的广义内涵，后者是关于开发区土地集约利用模式化析构的方法和推导。

土地集约利用模式析构的依据是：根据各开发区片的整体目标特征（关键字），确定区片内的"人—地"关系。然后从城市发展规律和人的发展需求出发，并顾及产业区位发展考虑，进行投入产出综合优化的布局设计。模式析构的内容涉及空间布局、产业布局以及区片的政策配套三个方面。

5.3　武汉东湖开发区土地集约利用的模式构建

武汉东湖开发区内各子园区的多样性为武汉城市圈内其他开发区的土地集约利用提供了样板。本节将以武汉东湖开发区中的七大子园区为对象，结合前面预定义的几种要素进行土地集约利用的模式析构。

5.3.1　吴家山海峡两岸科技园

（1）与发展有关的关键字

外资、郊区、"1平方千米格"、食品饮料+机械电子+生物医药

（2）涉及目标持有者

除城市政府、开发区管委会等常见目标持有者外，本园区内的其他目标持　有者主要具有如下分布特征。

表 5.12　目标持有者分布特征（1）

目标持有者	是否产生主要影响
在岗普通本地职工	否
科技人员	否
外来普通职工	是
流动科研人员	否
大学、科研机构	否
高科技企业	否
本地（劳动力）型企业	否
传统外资型企业	是

（3）土地集约利用的方式

产业上："改造模式"。

传统型外资企业多以外来务工人员为主，多为劳动密集型企业

或混合型企业。且有一定污染，因此短期内产业也难以融入城市。而外资主导型特征决定了对此类企业的主体改造应作逐步引导，并积极进行污染防治，及时启动外来人员的本地化进程。

空间上："跳板模式"。

从附近就地搜索能够融入的居住环境，或者在周围先建设职工村性质的卧城，并逐渐以较低的房价为职工的本地化创造条件。同时在当代建立起一定的物质基础也有利于将来城市化发展。而通过第九章的讨论可知，职工村和相应的文化娱乐设施应配套建设。

（4）开发区的政策配套

鼓励集中建设职工村，确定污染费用，引导企业内部技术改造，并积极促成局部形式的循环经济生产模式。

5.3.2 江北民营科技园

（1）与发展有关的关键字

民营企业、CBD、居住区、汉口火车站、机电一体化+服装+医药。

（2）涉及目标持有者

除城市政府、开发区管委会等常见目标持有者外，本园区内的其他目标持有者主要具有如下分布特征。

表 5.13　目标持有者分布特征（2）

目标持有者	是否产生主要影响
在岗普通本地职工	是
科技人员	否
外来普通职工	否
流动科研人员	否

目标持有者	是否产生主要影响
大学、科研机构	否
高科技企业	否
本地劳动力型企业	是
传统外资型企业	否

（3）土地集约利用的方式

产业上："本地模式"。

以低污染、劳动密集型的地方化产业为主，促进产业的进一步集中（如将一些有一定污染的医药企业置换出去，引进服装设计、服装加工、首饰制作等相关企业），利用商贸机会和新颖/新型技术成果的引进，积极培养地方名望和品牌优势，如"汉派服装"等。

空间上："边界模式"。

核心产业抱团紧密，边界产业与周边地区相互渗透。

开发区的发展应与居住、商务用地保持并列延伸但不过于向纵深发展，边界相依但泾渭不一定需要分明，关键要能促进良好的就业、居住对流。

5.3.3　政策区

（1）与发展有关的关键字

老城区、高地价、人口密、建筑密集、产业分散。

（2）涉及目标持有者

除城市政府、开发区管委会等常见目标持有者外，本园区内的其他目标持有者主要具有如下分布特征。

表 5.14　**目标持有者分布特征（** 3 **）**

目标持有者	是否产生主要影响
在岗普通本地职工	是
科技人员	是
外来普通职工	否
流动科研人员	否
大学、科研机构	否
高科技企业	是
本地（劳动力）型企业	是
传统外资型企业	否

（ 3 **）土地集约利用的方式**

产业上："置换模式"。

旧城区中的原有地面价值较高，因此对旧企业的就地技术改造通常较难以实现。因此应积极鼓励低污染，高附加值，高就业型的小型产业通过置换进入，尤其应鼓励那些对产业的空间聚集要求不高或可为当地所用的生产部门进驻，例如，设计产业、研发企业等。

空间上："嵌入模式"。

以原有城市空间结构、原居民、原非工业产业活动为主体，依据现有的城市纹理作小规模嵌入与更替。

5.3.4　大学科技园

（ 1 **）与发展有关的关键字**

大学城、知识经济、流动性、风险投资、小企业。

（ 2 **）涉及目标持有者**

171

除城市政府、开发区管委会等常见目标持有者外，本园区内的其他目标持有者主要具有如下分布特征。

表 5.15　目标持有者分布特征（4）

目标持有者	是否产生主要影响
在岗普通本地职工	否
科技人员	是
外来普通职工	否
流动科研人员	是
大学、科研机构	是
高科技企业	是
本地劳动力型企业	否
传统外资型企业	否

（3）土地集约利用的方式

产业上："产学研模式"。

"产"是指：应有稳定的生产企业，而稳定的生产常常需要若干大型企业作为支撑，这可通过在园区内配置或依托周边的大产业区来予以提供。

"学"一方面是指大学，另一方面也可指新企业的孵化，因此大量依托脑力生存的小型企业将是大学科技园的活力源泉。

"研"指研发活动时园区生产的主要产出，而"研"的产生很大程度上是基于正在"学"（孵化）的企业来提供的。

空间上："有限依托模式"。

大学科技园通常依大学或大学城而建，为便于利用大学中的智力资源，因此虽然独立但不会离大学（城）太远。

由于大学科技园内部大量的生产力来自于大学中的流动性脑

力群体，因此对于居住环境的要求并非全向的。但是随着大学科技园的运行稳定化，其中的固定员工比例将会逐渐升高，因此对于居住环境的要求会逐渐升高。但是这些人员通常会愿意与大学保持一定联系，因此在科技园、大学、生活区之间存在微妙的相互依托关系，而在科技园与大学（城）之间配套部分高品质生活区将是有效的选择。

大学科技园一般不会面临集中污染问题，但同时鼓励成长型的企业向周围大产业区转移是本地化的一项重要工作，因此大学科技园要么依托周边大产业区，要么干脆必须属于大产业区的一个部分。实际上这也是"有限依托模式"在产业上的一个表现。

（4）开发区的政策配套

大量小型企业的生存需要有风险资金的配套，而风险资金也需要有大量而多样化的小企业更替才能维持盈利。因此小企业环境和风险投资的保证是大学科技园的主要政策对象。

5.3.5　外围大片托管区

（1）与发展有关的关键字

远郊、待建、大区域、生态、电力电气+光机电一体化+新材料+光电子通信+生物制药+电力设备制造。

（2）涉及目标持有者

除城市政府、开发区管委会等常见目标持有者外，本园区内的其他目标持有者主要具有如下分布特征。

表 5.16　目标持有者分布特征（5）

目标持有者	是否产生主要影响
在岗普通本地职工	是
科技人员	是

目标持有者	是否产生主要影响
外来普通职工	否
流动科研人员	否
大学、科研机构	否
高科技企业	是
本地劳动力型企业	是
传统外资型企业	否

（3）土地集约利用的方式

产业上："兼容模式"。

即既要培养高新企业，也应有步骤的扶持本地化产业，落实子女、家属或其他相关管理人员提供就业岗位。积极落实相关合作产业和具有原材料循环利用的相关产业整体进驻。

空间上："新城模式"。

以新建优势、生态概念和优惠的政策吸引流动性强的科技人员，同时通过建设优质价廉的住宅区和配套设施集聚居民，积极配套和完善基础设施以及生活服务设施、企业的进驻，优先发展区域交通但同时也努力逐步降低通勤率、并避免"空巢化"现象的发生。

同时对于新区的建设尤其要注意商、住、工的适当配套问题。因为无论是"缺项模式"还是"后补模式"都不利于城市整体平衡式的土地集约利用。

5.3.6 关东关南工业园

（1）与发展有关的关键字

集中区、高新产业、高校区、光电子与信息+生物及医药+环保和资源综合利用。

（2）涉及目标持有者

除城市政府、开发区管委会等常见目标持有者外，本园区内的其他目标持有者主要具有如下分布特征。

表 5.17 目标持有者分布特征（6）

目标持有者	是否产生主要影响
在岗普通本地职工	是
科技人员	是
外来普通职工	否
流动科研人员	否
大学、科研机构	是
高科技企业	是
本地劳动力型企业	否
传统外资型企业	否

（3）土地集约利用的方式

产业上："大开发区模式"。

从产业结构上，突出主体优势，并积极扶持周边产业，以内部多元化的"竞争-合作"创造整体的区域优势。

在局部上，推动循环产业发展以利于环境保护；积极引入高校、科研机构的合作机制，以充分利用当地知识优势。

劳动力资源上，与周围地区协调，创造安居乐业环境，以与引资同等重视的程度积极引进高级人力资源。

空间上："边界模式""新城模式"。

大产业区中既有高科技企业，也有产业优势辐射的下游产业，因此多元化构成主要劳动力特征。因此，应依托现有城区以减少通勤消耗，同时积极与周围新城形成对接（如果有的话），这样可以充分利用新城低廉居住成本的后发优势进一步吸引各种层次的人力资源。

同时，边界模式也有另一层含义，即与高校区作边界对接，以距离上的优势接受科技创新的辐射。

5.3.7 南湖农业园

（1）与发展有关的关键字

农业、生态、农民安置、"以亩计"、农产品加工（城镇建设用地的安置工作多以公顷（大）或平方米(小)计，农业用地通常按亩计。计量单位的不同与土地的利用方式有关。这里"按亩计"指不同于一般城市建设用地的用地方式）。

（2）涉及目标持有者

除城市政府、开发区管委会等常见目标持有者外，本园区内的其他目标持有者主要具有如下分布特征。

表 5.18 目标持有者分布特征（7）

目标持有者	是否产生主要影响
在岗普通本地职工	是
科技人员	否
外来普通职工	否
流动科研人员	否
大学、科研机构	否
高科技企业	否
本地劳动力型企业	是
传统外资型企业	否

（3）土地集约利用的方式

产业上："就地加工模式"。

农产品加工在技术上相对简单，但重在就近加工和当地征地安置工作。因此工作人员以就近转入或就地转业为主。

与此相类似的食品加工业集聚区也可部分参照如此。

空间上："独立模式"。

相对于其他产业，农业园相对无污染之虞，因此可在任何合适地段独立设置。

5.4　小　　结

本章以武汉东湖开发区为样板进行了开发区土地集约利用模式析构的实例研究。

武汉东湖开发区内拥有多样化的子区域。这些区域各有产业特色、区位特色并各具不同的历史成因，因此不能以某一标准化的操作标准来推行土地的集约利用，这就需要用到模式化构析。本章分析所运用到的工具有：①第3章中所论述的关于城市土地集约利用标准、模式的定义规则；②第4章中所论证的开发区所可能涉及的相关决策影响者、各种可能的目标特征和相关元素、关系；③武汉东湖开发区土地集约利用模式的"词汇库"。在此基础上，本章根据各园区的产业特征、空间特征进一步提出了最适于土地集约利用的发展模式。这些模式可供其他开发区制定土地集约利用方案时所借鉴。

主要参考文献

[1]C.亚历山大,S·伊希卡娃,M·西尔佛斯坦,等.建筑模式语言[M].北京:知识产权出版社,2002.

[2]F.克里克.惊人的假说[M].长沙:湖南科技出版社,2007.

[3]M.E.波特.区位、集群与公司战略[A].G.L.克拉克,M.P.菲尔德曼,M.S.格特勒.牛津经济地理学手册[M].北京:商务印书馆,2005:257—278.

[4]R.马丁.地方劳动力市场:本质、表现与管制[A].G.L.克拉克,M.P.菲尔德曼,M.S.格特勒.牛津经济地理学手册[M].北京:商务印书馆,2005:461—480.

[5]阿兰·B.雅各布斯.伟大的街道[M].北京:中国建筑工业出版社,2009.

[6]阿什·阿明.产业区[A].埃里克·谢泼德,特雷弗·J.巴恩斯.经济地理学指南[M].北京:商务印书馆,2009:184—205.

[7]埃比尼泽·霍华德.明日的田园城市[M].北京:商务印书馆,2000.

[8]班茂盛,方创琳,刘晓丽,等.北京高新技术产业区土地利用绩效综合评价[J].地理学报,2008,63(2):175—184.

[9]保罗·A.萨缪尔森,威廉·D.诺德豪斯.经济学（第18版）[M].北京:人民邮电出版社,2008.

[10]保罗·诺克斯,史蒂文·平奇.城市社会地理学导论[M].北京:商务印书馆,2005.

[11]GB137-90,城市用地分类与规划建设用地标准[S].

[12]常青,王仰麟,吴健生,等.城市土地集约利用程度的人工神经网络判定——以深圳市为例[J].中国土地科学,2007,21(4):26—31.

[13]陈军,赵仁亮,乔朝飞.基于Voronoi图的GIS空间分析研究[J].武汉测绘科技大学学报,2003,28(特刊):32—37.

[14]陈逸,黄贤金,陈志刚,等.城市化进程中的开发区土地集约利用研究——以苏州高新区为例[J].中国土地科学,2008,22(6):11—16.

[15]大卫·李嘉图.政治经济学及赋税原理[M].北京:华夏出版社,2005.

[16]迪特马尔·赖因博恩.19世纪与20世纪的城市规划[M].北京:建筑工业出版社,2009.

[17]房龙.宽容(房龙卷)[M].武汉:长江文艺出版社,2008.

[18]房龙.中世纪的城市[A].人类的故事[M].吉林:吉林出版集团有限责任公司,2009.102-109.

[19]赫伯·斯宾塞.社会静力学[M].北京:商务印书馆,2008.

[20]洪增林,薛惠锋.城市土地集约利用潜力评价指标体系[J].地球科学与环境学报,2006,28(1):106-110.

[21]简·雅各布斯.美国大城市的死与生(纪念版)[M].南京:译林出版社,2006.

[22]简·雅各布斯.城市经济[M].北京:中信出版社,2008.

[22]杰米·佩克.工作场所[A].埃里克·谢泼德,特雷弗·J.巴恩斯.经济地理学指南[M].北京:商务印书馆,2009.164—183.

[24]克里斯·安德森.长尾理论[M].北京:中信出版社,2006.

[25]克里斯·安德森.长尾理论2.0[M].北京:中信出版社,2009.

[26]李伯重."选精""集粹"与"宋代江南农业革命"——对传统经济史研究方法的检讨[J].中国社会科学,2000,(1):177—192.

[27]李成名,陈军,朱英浩.基于Voronoi图的空间邻近定义与查询[J].武汉测绘科技大学学报,1998,23(2):128—131.

[28]李德华.城市规划原理(第三版)[M].北京:中国建筑工业出版社,2001.

[29]李伟芳,吴迅锋,杨晓平.宁波市工业用地节约和集约利用问题研究[J].中国土地科学,2008,22(5):23—27.

[30]李孝悌.中国的城市生活[M].北京:新星出版社,2006.

[31]梁鹤年.精明增长[J].城市规划,2005,29(10):65—69.

[32]梁红梅,刘卫东,刘会平,等.土地利用社会经济效益与生态环境效益的耦合关系——以深圳市和宁波市为例[J].中国土地科学,2008,22(2):42—48.

[33]刘耀林. 土地信息系统[M]. 北京: 中国农业出版社, 2003.

[34]刘耀林, 傅佩红. Kriging空间分析法及其在地价评估中的应用[J]. 武汉大学学报(信息科学版), 2004, 29(6): 471—474.

[35]刘易斯·芒福德. 城市文化[M]. 北京: 中国建筑工业出版社, 2009.

[36]卢新海. 开发区土地资源的利用与管理[J]. 中国土地科学, 2004, 18(2): 40—44.

[37]迈克尔·J.桑德尔. 自由主义与正义的局限[M]. 南京: 译林出版社, 2001.

[38]迈克尔·米特罗尔, 雷音哈德·西德尔. 欧洲家庭史[M]. 北京: 华夏出版社, 1991.

[39]曼昆. 经济学原理（第5版）: 微观经济学分册[M]. 北京: 北京大学出版社, 2009.

[40]毛蒋兴, 闫小培, 王爱民,等. 20世纪90年代以来我国城市土地集约利用研究述评[J]. 地理与地理信息科学, 2005, 21(2): 48—52, 57.

[41]尼基·格雷格森. 家庭、工作和消费: 勾勒经济地理学的边界[A]. 埃里克·谢泼德, 特雷弗·J.巴恩斯. 经济地理学指南[M]. 北京: 商务印书馆, 2009. 373—389.

[42]诺南·帕迪森. 城市研究手册[M]. 北京: 格致出版社, 2009.

[43]邵晓梅, 刘庆, 张衍毓. 土地集约利用的研究进展及展望[J]. 地理科学进展, 2006, 25(2): 85—95.

[44]施昱年, 叶剑平. 园区周边休闲消费型服务业设施用地布局需求分析[J]. 中国土地科学, 2007, 21(6): 10—16.

[45]斯坦利·L.布鲁, 兰迪·R.格兰特. 经济思想史(第7版)[M]. 北京: 北京大学出版社, 2008.

[46]宋吉涛, 宋吉强, 宋敦江. 城市土地利用结构相对效率的判别性分析[J]. 中国土地科学, 2006, 20(6): 9—15.

[47]谭峻, 李楠, 魏锜玲. 北京市土地利用协调度模拟分析[J]. 中国土地科学, 2008, 22(9): 38—42.

[48]托马斯·弗里德曼. 世界又热又平又挤[M]. 长沙: 湖南科学技术出版社, 2009.

[49]汪友结, 吴次芳, 罗文斌,等. 基于循环经济的城市土地利用评价研究——以安

徽省芜湖市为例[J]. 中国土地科学, 2008, 22(4): 25—31.

[50]王广洪, 黄贤金, 姚丽. 国家级园区用地相对集约度及其时空分异研究[J]. 中国土地科学, 2007, 21(4): 18—25.

[51]王家庭, 张换兆, 季凯文. 中国城市土地集约利用: 理论分析与实证研究[M]. 天津: 南开大学出版社, 2008.

[52]王梅, 曲福田. 昆山开发区企业土地集约利用评价指标构建与应用研究[J]. 中国土地科学, 2004, 18(6): 22—37.

[53]王民忠. 节约集约利用六大问题辨识[J]. 中国土地, 2007, (6): 9—11.

[54]王树良. 基于数据场与云模型的空间数据挖掘和知识发现[D]. 武汉: 武汉大学, 2002.

[55]王业侨. 节约和集约用地评价指标体系研究[J]. 中国土地科学, 2006, 20(3): 24—31.

[56]亚当·斯密. 国民财富的性质和原因的研究（上卷）[M]. 北京: 商务印书馆, 1972.

[57]杨德才, 左汉宾, 田平, 等. 自然辩证法[M]. 武汉: 湖北人民出版社, 2002.

[58]杨星, 石伟, 成金华, 等. 东莞市土地资源可持续利用实证分析与预测[J]. 中国土地科学, 2005, 19(4): 18—23.

[59]叶红玲. 集约用地 我们离目标还有多远？[J]. 中国土地, 2007, (3): 24—27.

[60]喻锋, 刘树臣, 李蕾. 压力与希望同在——'06土地利用状况分析和'07趋势展望[J]. 中国土地, 2007, (3): 38—40.

[61]约翰·冯·杜能. 孤立国同农业和国民经济的关系[M]. 北京: 商务印书馆, 1997.

[62]约翰·斯图亚特·穆勒. 功利主义[M]. 北京: 光明日报出版社, 2007.

[63]翟文侠, 黄贤金, 周峰, 等. 开发区土地利用对市域社会经济发展有效性分析——以江苏省为例[J]. 中国土地科学, 2005, 19(4): 14—17, 28.

[64]张富刚, 郝晋珉, 姜广辉, 等. 中国城市土地利用集约度时空变异分析[J]. 中国土地科学, 2005, 19(1): 23—29.

[65]张红. 房地产经济学[M]. 北京: 清华大学出版社, 2005.

[66]张明, 丁成日, Robert C. 土地使用与交通的整合: 新城市主义和理性增长[J]. 城市发展研究, 2005, 12(4): 46—52.

[67]张庭伟. 构筑21世纪的城市规划法规——介绍当代美国"精明地增长的城市规划立法指南"[J]. 城市规划, 2003, 27(3): 49—52.

[68]张晓宇. 城市空间的模式语言设计[J]. 城市规划汇刊, 1996, (6): 26—32.

[69]郑斌, 卢新海. 论城市土地集约利用中的全面可持续观[J]. 中国土地科学, 2010, 24(3): 75—80.

[70]郑新奇, 孙元军, 付梅臣,等. 中国城镇建设用地结构合理性分析方法研究[J]. 中国土地科学, 2008, 22(5): 4—10.

[71]钟书华. 科技园区管理[M]. 北京: 科学出版社, 2004.

[72]周怀珍. 信息方法的哲学分析[J]. 哲学研究, 1980, (9): 37—44.

[73]周永康. 内涵挖潜 集约用地——在全国土地集约利用市长研讨班上的总结讲话(摘要)[J]. 中国土地, 1999, (12): 5—9.

[74]Alonso W. Location and Land Use: Toward a General Theory of Land Rent[M]. Cambridge, Massachusetts: Harvard University press, 1964.

[75]Amérigo M. A Psychological Approach to the Study of Residential Satisfaction[A]. Aragonés Juan Ignacio, Francescato Guido, Gärling Tommy. Residential Environments: Choice Satisfaction and Behavior[M]. Westport, CT: Bergin & Garvey, 2002: 81—100.

[76]Bartelmus P. Dematerialization and capital maintenance: two sides of the sustainability coin[J]. Ecological Economics, 2003, 46(1): 61—81.

[77]Ben-Akiva M., Bowman J. Integration of an Activity-Based Model System and a Residential Location Model[J]. Urban Studies, 1998, 35(7): 1131—1153.

[78]Berry B. J. L. Geography of Market Centers and Retail Distribution[M]. Englewood Cliffs, New Jersey: Prentice-Hall, 1967.

[79]Bonaiuto M., Aiello A., Perugini M,etal. Multidimensional Perception of Residential Environment Quality and Neighbourhood Attachment Urban Environment[J]. Journal of Environmental Psychology, 1999, 19(4): 331—352.

[80]Bonaiuto M, Fornara F, Bonnes M. Indexes of Perceived Residential Environment Quality and Neighbourhood Attachment in Urban Environments: a Confirmation Study on the City of Rome[J]. Landscape and Urban Planning, 2003, 65(1, 2): 41—52.

[81]Brookshire DS, Thayer MA, Schulze WD,etal. Valuing Public Goods: A Comparison of Survey and Hedonic Approaches[J]. American Economic Review, 1982, 72(1): 165—177.

[82]Canter DV. The Psychology of Place[M]. London: Palgrave Macmillan, 1977.

[83]Chambers CP. Allocation rules for land division[J]. Journal of Economic Theory, 2005, 121(2): 236—258.

[84]Chapin FS. Urban Land Use Planning[M]. Urbana: University of Illinois Press, 1965.

[85]Chaug-Ing H, Shwu-Ping G. CBD Oriented Commuters' Mode and Residential Location Choices in an Urban Area with Surface Streets and Rail Transit Lines[J]. Journal of Urban Planning & Development, 2006, 132(4): 235—246.

[86]Chen J, Zhao R, Li Z. Voronoi-based k-order neighbour relations for spatial analysis[J]. ISPRS Journal of Photogrammetry and Remote Sensing, 2004, 59 (1, 2): 60—72.

[87]Chin HC, Foong KW. Influence of School Accessibility on Housing Values[J]. Journal of Urban Planning and Development-ASCE, 2006, 132(3): 120—129.

[88]Czamanski S. A Model of Urban Land Allocation[J]. Growth & Change, 1973, 4(1): 43—48.

[89]Davies RL. Structural Models of Retail Distribution: Analogies with Settlement and Urban Land-Use Theories[J]. Transactions of the Institute of British Geographers, 1972, (57): 59—82.

[90]Dutt AK, Costa FJ. Public Planning in the Netherlands, Perspectives and Change Since the Second World War[M]. Oxford, USA: Oxford University Press, 1985.

[91]Duvarci Y, Yigitcanlar T. Integrated Modeling Approach for the Transportation

Disadvantaged[J]. Journal of Urban Planning & Development, 2007, 133(3): 188—200.

[92] Evans AW. Urban Economics: an Introduction[M]. Oxford: Blackwell, 1987.

[93] Garner BJ. The Internal Structure of Retail Nucleations[M]. Evanston, Illinois: Northwestern University Press, 1966.

[94] Geoghegan J. The Value of Open Spaces in Residential Land Use[J]. Land Use Policy, 2002, 19(1): 91—98.

[95] Gill SE, Handley JF, Ennos AR,etal. Characterising the urban environment of UK cities and towns: A template for landscape planning[J]. Landscape and Urban Planning, 2008, 87(3): 210—222.

[96] Giordano LDC, Riedel PS. Multi-criteria spatial decision analysis for demarcation of greenway: A case study of the city of Rio Claro, São Paulo, Brazil[J]. Landscape and Urban Planning, 2008, 84(3, 4): 301—311.

[97] Han SS, Wu X. Wuhan[J]. Cities, 2004, 21(4): 349—362.

[98] Hartshorn TA. Interpreting the City: an Urban Geography[M]. New York etc.: Wiley, 1991.

[99] Hovland CI, Rosenberg MJ. Cognitive, Affective and Behavioural Components of Attitudes[A]. Hovland C.I., Rosenberg M.J. Attitude, Organization and Change[M]. New Haven, CT: Yale University Press, 1960. 1—14.

[100] Jackson JN. The Urban Future: a Choice Between Alternatives[M]. Urban and Regional Studies. London: Allen & Unwin, 1972: 335.

[101] Jackson JN. The Urban Future: a Choice Between Alternatives[M]. London: Routledge, 2006.

[102] Kinnell JC, Bingham MF, Mohamed AF,etal. Estimating Site Choice Decisions for Urban Recreators[J]. Land Economics, 2006, 82(2): 257—272.

[103] Kivell P. Land and the City: Patterns and Processes of Urban Change[M]. London and New York: Routledge, 1993.

[104] Kok K, Verburg PH, Veldkamp T. Integrated Assessment of the land system: The

future of land use[J]. Land Use Policy, 2007, 24(3): 517—520.

[105]Kottmeier C, Biegert C, Corsmeier U. Effects of Urban Land Use on Surface Temperature in Berlin: Case Study[J]. Journal of Urban Planning & Development, 2007, 133(2): 128—137.

[106]Lee SW, Ellis CD, Kweon BS,etal. Relationship between landscape structure and neighborhood satisfaction in urbanized areas[J]. Landscape and Urban Planning, 2008, 85(1): 60—70.

[107]Lee YJ, Huang CM. Sustainability index for Taipei[J]. Environmental Impact Assessment Review, 2007, 27(6): 505—521.

[108]Li ZL, Huang PZ. Quantitative measures for spatial information of maps[J]. International Journal of Geographical Information Science, 2002, 16(7): 699—709.

[109]Liu Y. Spatial Patterns of Urban Land Values, Wuhan, China[D]. Enschede, the Netherlands: International Institute for Geo-Information Science and Earth Observation (ITC), 2003.

[110]Mahan BL, Polasky S, Adams RM. Valuing Urban Wetlands: A Property Price Approach[J]. Land Economics, 2000, 76(1): 100—113.

[111]Mcmillan ML, Reid BG, Gillen DW. An Extension of the Hedonic Approach for Estimating the Value of Quiet[J]. Land Economics, 1980, 56(3): 315—328.

[112]Meng Y, Zhang FR, An PL,etal. Industrial land-use efficiency and planning in Shunyi, Beijing[J]. Landscape and Urban Planning, 2008, 85(1): 40—48.

[113]Miller GT. Living in the Environment: Concepts, Problems, and Alternatives[M]. Wadsworth: Belmont, Calif. : Wadsworth Pub. Co., 1975.

[114]Mitchell D, Clarke M, Baxter J. Evaluating land administration projects in developing countries[J]. Land Use Policy, 2008, 25(4): 464—473.

[115]Moon W, Florkowski WJ, Brückner B,etal. Willingness to Pay for Environmental Practices[J]. Land Economics, 2002, 78(1): 88—102.

[116]Najafi M, Mohamed R, Tayebi AK,etal. Fiscal Impacts of Alternative Single-Family Housing Densities[J]. Journal of Urban Planning & Development, 2007,

133(3): 179—187.

[117] Norman J, Maclean HL, Kennedy CA. Comparing High and Low Residential Density: Life-Cycle Analysis of Energy Use and Greenhouse Gas Emissions[J]. Journal of Urban Planning & Development, 2006, 132(1): 10—21.

[118] Ozmen-Ertekin D, Ozbay K, Holguin-Veras J. Role of Transportation Accessibility in Attracting New Businesses to New Jersey[J]. Journal of Urban Planning & Development, 2007, 133(2): 138—149.

[119] Peel D, Lloyd MG. Neo-traditional planning. Towards a new ethos for land use planning?[J]. Land Use Policy, 2007, 24(2): 396—403.

[120] Prato T. Evaluating land use plans under uncertainty[J]. Land Use Policy, 2007, 24(1): 165—174.

[121] Qadeer MA. The Nature of Urban Land[J]. American Journal of Economics and Sociology, 1981, 40(2): 165—182.

[122] Reback R. House Prices and the Provision of Local Public Services: Capitalization Under School Choice Programs[J]. Journal of Urban Economics, 2005, 57(2): 275—301.

[123] Rodiek J. Protecting ecosystems and open spaces in urbanizing environments[J]. Landscape and Urban Planning, 2008, 84(1): 3—6.

[124] Santé-Riveira I, Boullón-Magán M, Crecente-Maseda R,etal. Algorithm Based on Simulated Annealing for Land-Use Allocation[J]. Computers & Geosciences, 2008, 34(3): 259—268.

[125] Saz-Salazar SD, Rausell-Köster P. A Double-Hurdle model of urban green areas valuation: Dealing with zero responses[J]. Landscape and Urban Planning, 2008, 84(3, 4): 241—251.

[126] Scott P. Geography and Retailing[M]. Chicago: Aldine Publishing Company, 1970.

[127] Singh RK, Murty HR, Gupta SK,etal. An overview of sustainability assessment methodologies[J]. Ecological Indicators, 2009, 9(2): 189—212.

[128] Smersh GT, Smith MT. Accessibility Changes and Urban House Price

Appreciation [J]. Journal of Housing Economics, 2000, 9(3): 187—196.

[129]Smith VK, Poulos C, Kimc H. Treating Open Space as an Urban Amenity[J]. Resource and Energy Economics, 2002, 24(1, 2): 107—129.

[130]Song Y, Knaap GJ. Measuring the Effects of Mixed Land Uses on Housing Values[J]. Regional Science and Urban Economics, 2004, 34(6): 663—680.

[131]Song Y, Sohn J. Valuing Spatial Accessibility to Retailing: A Case Study of The Aingle Family Housing Market in Hillsboro, Oregon[J]. Journal of Retailing and Consumer Services, 2007, 14(4): 279—288.

[132]Srour IM, Kockelman KM, Dunn TP. Accessibility Indices: a Connection to Residental Land Price & Location Choices[A]. 2001.

[133]Storper M, Scott AJ. Work Organisation and Local Labour markets in an era of Flexible Production[J]. International Labour Review, 1990, 129(5): 573—591.

[134]Svedsäter H. Economic Valuation of the Environment[J]. Land Economics, 2003, 79(1): 122—135.

[135]Taylor J., Xie Q. Wuhan: Policies for the Management and Improvement of a Polluted City[A]. Cannon T. China's Economic Growth: The Impact of Regions, Migration and the Environment[M]. Macmillan and New York: St. Martin's Press, 2000. 143—161.

[136]Troy A, Grove JM. Property values, parks, and crime: A hedonic analysis in Baltimore, MD[J]. Landscape and Urban Planning, 2008, 87(3): 233—245.

[137]Tyrväinen L. The Amenity Value of the Urban Forest[J]. Landscape and Urban Planning, 1997, 37(3, 4): 211—222.

[138]Tyrväinen L, Miettinen A. Property Prices and Urban Forest Amenities[J]. Journal of Environmental Economics and Management, 2000, 39(2): 205—223.

[139]Tyrväinen L, Väänänen H. The Economic Value of Urban Forest Amenities[J]. Landscape and Urban Planning, 1998, 43(1-3): 105—118.

[140]Valenzuela Montes LM, Matarán Ruiz A. Environmental indicators to evaluate spatial and water planning in the coast of Granada (Spain)[J]. Land Use Policy,

2008, 25(1): 95—105.

[141] Vatn A. Environmental Valuation and Rationality [J]. Land Economics, 2004, 80(1): 1—18.

[142] Vatn A. Resource regimes and cooperation [J]. Land Use Policy, 2007, 24(4): 624—632.

[143] Wadell P. Accessibility and Residential Location: the Interaction of Workplace, Residential Mobility, Tenure, and Location Choices [A]. 1996.

[144] Wendt PF. Theory of Urban Land Values [J]. Land Economics, 1957, 33(3): 228—240.

[145] Wingo L. Cities and Space: the Future Use of Urban Land [M]. Baltimore: Johns Hopkins University Press, 1963.

[146] Wu J, Adams RM, Plantinga AJ. Amenities in an Urban Equilibrium Model: Residential Development in Portland, Oregon [J]. Land Economics, 2004, 80(1): 19—32.

[147] Yeates MH. Some Factors Affecting the Spatial Distribution of Chicago Land Values, 1910—1960 [J]. Economic Geography, 1965, 41(1): 57—70.

[148] Yishao S, Shuangyan L. Research on Rational Urban Growth and Land-Use Issues [J]. Journal of Urban Planning & Development, 2007, 133(2): 91—94.

[149] Yu J, Zhang Z, Zhou Y. The sustainability of China's major mining cities [J]. Resources Policy, 2008, 33(1): 12—22.

[150] Zheng B, Liu Y, Huang L. How Does Micro Circumstances Influence the Urban Residential Land Value - A Study Case Danyang, China [A]. Ju Wei Min, Zhao Shu He. Proceedings of SPIE - The International Society for Optical Engineering [C]. SPIE, 2007. Vol.6752, 67522W.

[151] Zheng B, Liu Y, Huang L. Hedonic valuation of the spatial competition for urban circumstance utilities: Case Wuhan, China [A]. Proceedings of SPIE - The International Society for Optical Engineering [C]. SPIE, 2008, Vol.7144, 71442J.

附录A

结构功能主义 ^❶

功能主义

功能主义的基本原则是从生物学占据统治地位的19世纪发展起来的。那时有关人体、微生物以及遍布全球的动植物的知识不断增长。19世纪中最伟大的成就就是查尔斯·达尔文吸收了这些新知识并以自然选择来解释物种进化，从而使生物学获得了空前的声望。被这些前进的步伐所激发的早期的社会思想家自然地将生物学的一些概念运用到了社会学中。

奥古斯特·孔德和赫伯特·斯宾塞提出了功能主义的最基本原则：社会与生物有机体在许多方面是相似的。这一观念中包含了以下三个要点。

第一，社会与生物有机体一样都具有结构。一个动物由细胞、组织和器官构成；与其类似，一个社会由群体、阶级和社会设置构成。

第二，与生物有机体一样，一个社会要想得以延续就必须满足自身的基本需要。例如，一个社会必须要有能力从周围的环境中获得食物和自然资源，并且将它们分配给社会成员。

第三，与构成生物有机体的各个部分相似，社会系统中的各个部分也需要协调地发挥作用以维持社会的良性运行。受意大利社会学家帕累托的影响，斯宾塞和他的追随者们都坚持任何系统都会自

---

❶ 本段文字来源：百度百科——功能主义、结构功能主义。

然地趋向均衡或稳定的观点，同时，社会中的各部分对社会的稳定都发挥了一定的功能。因此，从功能主义的视角来看，社会是由在功能上满足整体需要从而维持社会稳定的各部分所构成的一个复杂的系统。

结构功能主义

结构功能主义是现代西方社会学中的一个理论流派。它认为社会是具有一定结构或组织化手段的系统，社会的各组成部分以有序的方式相互关联，并对社会整体发挥着必要的功能。整体是以平衡的状态存在着，任何部分的变化都会趋于新的平衡。

帕森斯的结构功能主义

美国社会学家T.帕森斯在20世纪40年代提出了结构功能主义这一名称，他在以后的许多论著中，为形成结构功能主义的系统性理论作出了很大努力，并成为结构功能分析学派的领袖人物。帕森斯认为,社会系统是行动系统的四个子系统之一，其他三个是行为有机体系统、人格系统和文化系统。在社会系统中，行动者之间的关系结构形成了社会系统的基本结构。社会角色，作为角色系统的集体，以及由价值观和规范构成的社会制度，是社会的一些结构单位。社会系统为了保证自身的维持和存在,必须满足四种功能条件。①适应。确保系统从环境中获得所需资源，并在系统内加以分配；②目标达成。制定系统的目标和确定各目标的主次关系，并能调动资源和引导社会成员去实现目标；③整合——使系统各部分协调为一个起作用的整体；④潜在模式维系。维持社会共同价值观的基本模式，并使其在系统内保持制度化。在社会系统中，执行这4种功能的子系统分别为经济系统、政治系统、社会共同体系统和文化模式托管系统。这些功能在社会系统中相互联系。

默顿的经验功能主义

美国社会学家R.K.默顿是结构功能主义的主要代表人物之一，他发展了结构功能方法。默顿认为，在功能分析上，应该注意分析社会文化事项对个人、社会群体所造成的客观后果。他提出外显功能和潜在功能的概念，前者指那些有意造成并可认识到的后果，后者是那些并非有意造成和不被认识到的后果。进行功能分析时，应裁定所分析的对象系统的性质与界限，因为对某个系统具有某种功能的事项，对另一系统就可能不具这样的功能。功能有正负之分，对群体的整合与内聚有贡献的是正功能，而推动群体破裂的则是负功能。默顿主张根据功能后果的正负净权衡来考察社会文化事项。他还引入功能选择的概念，认为某个功能项目被另外的功能项目所替代或置换后，仍可满足社会的需要。社会制度或结构对行动者的行为影响是默顿著述中的主题之一。他认为，社会价值观确定了社会追求的目标，而社会规范界定了为达到目标可采用的手段。

附录B

研究背景资料：武汉城市圈和
城市圈内的开发区

武汉城市圈

武汉城市圈又称"1+8"城市圈，是指以武汉为圆心，包括黄石、鄂州、黄冈、孝感、咸宁、仙桃、天门、潜江周边8个城市所组成的城市圈。其中，湖北省省会武汉市为城市圈的中心城市，湖北省第二大城市黄石市为城市圈副中心城市。该圈域占全省33%的土地和 51.6%的人口，城市密集度较高，经济基础较好，环境及自然条件优越，是湖北省乃至长江中游最大的城市圈域。20世纪50年代，国家156个重点项目中，有6个重点项目布局在武汉，从而带动了黄石、鄂州等周边城市发展。2004年，武汉城市圈贡献了全省59.4%的GDP，65.3%的财政收入，吸纳63.4%的投资，承载62.5%的社会商品零售总额，是湖北经济实力最强的核心区域，由此在2005年初步拟定的"中部崛起"10号文件中（2006年2月正式确认），"武汉城市圈"被列为中部四大城市圈之首，上升到了国家层面。

城市圈的建设涉及工业、交通、教育、金融、旅游等诸多领域。2002年在省第八次党代会上提出"武汉经济圈"，这也是官方首次公开提出"圈"的概念。2004年 3月"两会"召开时，《政府工作报告》中首次明确提出促进中部地区崛起。这为武汉城市圈的发展提供了契机。2006年2月，在国务院常务会议上，"中部崛起"正式成为国家战略。2007年7月武汉市政府提出以"1+8"武汉城市圈方案，向国家申报综合改革试验区并获成功。2007年12月随着武汉阳逻长江大桥的建成通车，连通武汉城市圈的7条城市高速出口公路基本建成，武汉与城市圈8个城市正式形成"一小时交通圈"。工商、人事、教育等部门也承诺在市场准入、人才流动、子女入学、居民就业等方面，建立一体化的政策框架，提高城市圈的整体竞争力。"1+8"城市圈正式确立以后，洪湖市、京山县、广水市又作为观察员先后加入武汉城市圈。三县市也将比照城市圈成员单位享受相关政策待遇，参加湖北省推进武汉城市圈综合配套改革试验领导小组会议，及武汉城市圈有关协作互动等活动。2010年1月，继北京中关村之后，国务院批准东湖高新区为第二个国家自主创新示范区，武汉城市圈的科技知识能力得到肯定。2010年3月，武汉城市圈再一次被列为国家"十二五"重点发展区域，武汉被国务院批准成为中部地区的中心城市，为中部城市群起到积极的领头作用。

而2007年两型社会综合改革试验区的批准，则给武汉和湖北带来了难得一遇的第三次崛起机会。十七大之后，武汉城市圈被国家确定为"资源节约型、环境友好型社会"（即两型社会）试验区并被赋予先行先试的政策创新权。资源节约型社会是指整个社会经济建立在节约资源的基础上，建设节约型社会的核心是节约资源，即在生产、流通、消费等各领域各环节，通过采取技术和管理等综合措施，厉行节约，不断提高资源利用效率，尽可能地减少资源消耗和环境代价满足人们日益增长的物质文化需求的发展模式。环境友好型社会是一种人与自然和谐共生的社会形态，其核心内涵是人类的生产和消费活动与自然生态系统协调可持续发展。

武汉城市圈集工业、能源、农业和交通优势于一体，根据武汉城市圈概念提出时的统计数据，武汉城市圈以占全省33%的土地，创造了全省60%的生产总值和62%的社会消费品零售总额。但同时，其中心城市武汉与周边城市之间也存在着显著的经济发展梯度差异。例如，武汉与城市圈内的第二大城市体黄冈相比，人均GDP相差近5倍；武汉拥有良好产业基础和科教研发实力，而与此相比，其周边其他城市腹地则拥有较为宽松资源和较低开发成本。因此，如何利用现有优势并努力减少区域内的社会经济差距，在优势互享过程中同谋共进，以获得整体的和谐发展，将成为作为实验区的武汉城市圈所首先需要解决的问题。

正式成员城市

武汉城市圈的正式成员中，共有副省级城市1个、地级市5个、省直辖县级市3个、地级市代管的县级市7个、市辖县15个。

- 武汉市
- 咸宁市（包括赤壁市、嘉鱼县、通城县、崇阳县、通山县）
- 黄石市（包括大冶市、阳新县）
- 黄冈市（包括麻城市、武穴市、团风县、红安县、罗田县、英山县、浠水县、蕲春县、黄梅县）
- 孝感市（包括应城市、安陆市、汉川市、孝昌县、大悟县、云梦县）
- 鄂州市
- 仙桃市
- 天门市
- 潜江市

其中，武汉市为中心城市，黄冈市为副中心城市。

观察员城市

武汉城市圈的观察员城市中，共有地级市代管的县级市2个、市辖县1个。

- 荆州洪湖市
- 荆门京山县
- 随州广水市

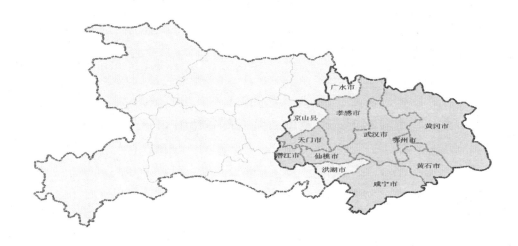

武汉城市圈区位及内部（城市）格局

圈内开发区的空间分布

武汉城市圈内共有开发区48家，其中国家级开发区有4家，其中，除黄石经济技术开发区于近期被升级为国家级经济技术开发区外，其他3家国家级开发区都分布在中心城市武汉的市区范围之内它们分别为：武汉经济技术开发区、武汉东湖新技术产业开发区和湖北武汉出口加工区。其他44家开发区均为省级经济技术开发区，它们分处各区、市、县之内（含武汉市内的各区）。

在武汉城市圈范围内，除黄冈市辖的罗田县和英山县以及咸宁市辖的通山县和崇阳县，其他各县及地州市政府驻地均至少有一个开发区。辖区内拥有多于一家开发区的城市有：孝感市政府驻地孝南区治内设有2家开发区，分别为湖北孝感经济开发和湖北孝南经济开发区；黄冈市政府驻地黄州区内设有2家开发区，分别为湖北黄冈经济开发区和湖北黄州火车站经济开发区；鄂州由于其特殊的地理位置，其辖区内的2家开发区并未设置在市政府驻地鄂城区，而是分别在毗邻武汉的华容区葛店镇内设1开发区和在毗邻黄石市政府驻地的黄石港区边界处设1开发区。而城市圈的中心城市武汉，则除了其中的3个国家级开发区外，其辖内的13个区各有一个自己的省级开发区。各开发区分布如下图所示。

武汉城市圈内的开发区分布

武汉城市圈的产业格局

根据国家发展和改革委员会、国土资源部以及建设部联合颁布的《中国开发区审核公告目录（2006年版）》，武汉城市圈（含3个观察员城市）中的48家开发区都有其各自的主导产业。

对各主导产业进行归并后，总共归纳出71个关键字（关键字不按照词语释义分，而是每个开发区的一项主导产业为一个关键字以避免人为判断错误），然后将此71个关键字归并为生物医药、食品加工、新材料、印刷包装、纺织服装、机械（含汽车零配件）、光机电、化工、建材共9大类产业群。

开发区主导产业分类

产业类型	No.	关键字（主导产业）	产业类型	No.	关键字（主导产业）
生物医药	1	化工医药	食品加工	13	食品
	2	生物工程		14	食品加工
	3	生物及医药		15	食品饮料
	4	生物医药		16	烟草制品
	5	生物制药	新材料	17	固废物综合利用加工
	6	食品医药		18	硅深加工
	7	医药		19	环保和资源综合利用
	8	医药化工		20	新材料
	9	中成药	印刷包装	21	医药包装
食品加工	10	保健食品		22	印刷包装
	11	农产品加工		23	造纸印刷包装
	12	农副产品加工		24	纸制品

产业类型	No.	关键字（主导产业）	产业类型	No.	关键字（主导产业）
纺织服装	25	纺织	机械加工（含汽车配件）	46	模具
	26	纺织服装		47	汽车
	27	纺织加工		48	汽车零配件
	28	服装		49	涂附磨具
	29	轻纺印刷	光机电	50	成套设备
	30	无纺布		51	电力电气
	31	无纺布制品		52	电力设备制造
化工	32	化工		53	电气机械及器材
	33	焦化		54	电子
	34	精细化工		55	电子电器
	35	塑料制品		56	电子信息
	36	盐化工		57	电子信息及机电一体化
机械加工（含汽车配件）	37	医疗器械		58	光电机械
	38	钢铁深加工		59	光电子通信
	39	环保设备制造		60	光电子与信息
	40	机械		61	光机电一体化
	41	机械加工		62	机电
	42	机械制造		63	机电一体化
	43	金属制品		64	机械电子
	44	金属制品加工		65	机械纺织
	45	铝制品		66	通信电子

续表

产业类型	No.	关键字（主导产业）	产业类型	No.	关键字（主导产业）
建材	67	建材	建材	70	新型建筑材料
	68	建材化工		71	云母加工
	69	新型建材			

由湖北省统计局给出的各城市现状支柱产业情况来看，机械、化工、建材、纺织、食品等产业已成为武汉城市圈内多个城市的主导产业。长期以来，各城市依据其在国民经济计划计划中的定位以及在（省域或国家）城市体系中的地位与地理坐落关系，通过传统的产业布局、学习与扩散建立起自身的产业门类体系。但同时也可以发现：与国内大部分地区相似，武汉城市圈内也存在着一定的产业同构现象。产业同构现象是指产业的区域结构成长过程中出现的地区之间类似产业及产业结构重复、规模相似。

武汉城市圈核心城市产业格局（不含观察员城市）

城市	现状支柱产业
武汉	钢铁、机械、化工、建材、纺织、食品、造纸
黄石	冶金、建材、纺织、机械、化工、医药、轻工、食品、电子
鄂州	冶金、服装、食品
孝感	机电、食品、建材、化工
黄冈	建材、纺织、机械加工
咸宁	轻纺、机械、建材、食品、运输
仙桃	纺织服装、轻工、食品、医药化工
潜江	机械、轻纺、石油、盐化工及医药化工

城市	现状支柱产业
天门	农产品加工、食品、纺织

（资料来源：湖北省统计局网站 http://www.stats-hb.gov.cn/）

产业的低水平同构化常常表现为：各地区间横向联系的层次较低，许多优势产业形不成联合体。在该情况下区域之间的分工协作优势不能很好地发挥。在城市发展过程中，有时候在初期阶段需要通过模仿等方式获得初始动力，但是在长期发展过程中城市都需要展现出自身特色。因此，长期的、大范围的产业同构现象在产业自然形成过程中很少出现。但是由于过去计划经济体制和行政分割等原因的影响，部分主管部门把自己管辖的产业部门"论证"为"主导产业"，拼命挤入发展重点之列；而这些行政地区置比较优势、扬长避短的普遍法则于不顾，重复布点，推行粗放式产业布局模式，因此往往会形成产业的低水平同构化问题。区内部分产业低水平配套，区间产业关联度小、专业化分工不明显，在一定程度上影响了城市圈整体优势和综合经济效益的发挥。我们在对区内的产业布局构建空间联结关系后，可以看出：武汉的区域产业中心地位十分明显，同时也对产业的选择更为挑剔。像光机电、生物医药这类"热门"企业在武汉城市圈内层（环武汉地带）形成密集网络；但是像建材、化工这几类通常带有较严重环境问题的企业却多位于武汉城市圈的外层构成网络。机械加工（含汽车零配件）类和食品加工类产业在全区域范围内分布最为广泛。分析其原因，概因为机械制造类为传统产业，在各地都早已存在，再加上湖北神龙汽车城的辐射和联动效应以及机械与光机电企业的内在关联性，因此机械类产业在整个圈内已融入地方产业链，并且仍然具有很好的发展态势，这一点从它在武汉市域范围内的密集网络就可以看出。而同样分布较为均匀的食品加工业的则主要受以下四方面因素的激励：江汉平及附近丘陵地区原丰富的土特产加工需求、地方烟草业的影响（含地方垄断专营因素）、武汉市910万常住人口及周围人口密集地带的丰富市场而吸引了大量的奶业、副食这类"都市伴生产业"，以及诸如康师傅、统一、可口可乐这类的食品巨头的地区性聚集影响。

与此同时，武汉城市圈的产业布局不仅有"内—外"之分，产业集中的方向也存在较大区别。例如，生物医药和纺织服装主要向北部以一定偏角呈扇形展开，而建材类则在东南方向较为密集；化工类在西部居多；但新材料类和印刷包装类产业的网络形态却只构成了西北—东南方向的一条狭长的走廊。总之整个城市圈的各开发区产业所构成的密集网络远非表面看起来那么均质。在产业发展理念与区域公平之间可能还存在着较大鸿沟。

后　　记

　　鉴于我国国情，为转变我国长期以来过度依赖牺牲资源与环境的经济增长方式，党的十六届五中全会明确提出要加快建设资源节约型、环境友好型社会，以促进国民经济健康快速发展。在这样的背景下，湖北省作为中部崛起的战略要塞，以"1+8"武汉城市圈两型社会建设为主题于2007年12月7日获国务院批准为全国资源节约型和环境友好型社会建设综合配套改革试验区。

　　土地作为一种稀缺的不可再生资源，是人类社会赖以生存和发展的基础。土地资源节约集约利用是实现两型社会建设目标的基础与重要突破口，是实现我国经济社会可持续发展的重要保障。高新技术开发区（简称高新区）作为高新技术产业与技术创新的集聚地及政府管理各项改革试验区，是武汉城市圈社会经济发展的重要区域。在武汉城市圈两型社会建设背景下，进行高新技术开发区土地集约利用模式的系统研究，探索土地集约利用路径并制定区域产业结构优化布局政策及土地利用控制标准，以实现人类活动与资源环境的和谐统一及社会经济的快速健康发展，对推动武汉城市圈两型社会建设具有重大的理论与现实意义：①理论上，剖析建设两型社会对土地利用的要求及理论指导，界定高新区土地集约利用的内涵并探索其背后规律，为建设两型社会奠定理论基础；②实践上，以两型社会建设背景下高新区土地集约利用的内涵及其评价为基础，为实现武汉城市圈内高新区土地资源统筹利用与产业结构优化布局，总结两型社会建设背景下武汉城市圈高新区土地集约利用模式的构建方法，为建设两型社会提供实践参考。

开发区是城市中一种特有的地理现象。人们设计出它，为它提供特殊的政策，优先提供种种发展的便利，为的是以此来吸引大量高新技术企业的进驻，并由此产业规模效应，从而成为不断激励、带动城市发展的经济发动机。但是，我们也应该注意到，在城市发展的众多先决条件和动力机制当中，经济增长本身并非一个目标，而只是提供城市生活水平的一个可能且并非必然的方式。各种经济活动固化在人类活动对空间利用的需求上，最终形成当代的城市社会诸形态。因此，对城市土地利用的效用进行评估，只能依据衡量土地开发所能达到的总体福利并评估这些福利分配所造成的潜在影响并依此给出决策，而不是盲目地为支持争论中的一方或反对另一方而做出草率的结论。当然对城市土地利用效用问题的判断不可避免，但是在这其中应既包括经济的效用，也包括非经济的思考。维护的城市土地效用时，至少应该做到在关系利益分配的城市用地配置过程中，保护那些微弱的声音，使之不至于被其他强烈的音符和曲调淹没。因此，开发区所具备的功能就不能仅限于引资或吸引人才。开发区的产业魅力在于它能够为居民带来更多的工作机会，其经济上的收益和其他附带效用（如基础设施的铺设）则为促进城市发展提供了额外的助力。但同时开发区使得城市化的进程加快，因而也给城市带来了更多考验。环境容量、社会关系的隔阂、地方传统特色的琢蚀有可能发生。因此，对于如何建设开发区土地收益，最终应该以城市居民需要的满足程度而判断是否集约。

作为城市土地集约利用中的一个有机部分，开发区土地集约利用是个复杂的概念，它的提出应做到主体具体、目标明确而又可操作。但是毫无疑问，不管多么复杂，它终究是一个关于投入产出的问题——关于城市土地投入产出的优化。但这不是并"标准答案"，而只是一种"解题思路"。真正的城市土地集约利用应针对具体目标而定，而其中需要涉及的关键则必定包含有投入什么、产出什么、谁投入、谁受益及如何衡量这四者之间的关系这五个问题。这其中具有相当大的弹性空间。实际上，我们将可以将城市土地集约利用的评判标准确定为：在某项土地投入意向中，或者在实际进行土地利用方式的改变时，对于其中涉及的不同相关者利益的协调和部署。但问题是，在评价过程中纳入目标越多，中间协调过程损耗就越大，因为土地利用当中包含了太多的"谁投谁-受益"和"投入什么-产出什么"之间的均衡，这便导致常常无法保证所有人对于集约的努力总是同时朝着同一个方向同时努力。因此需要模式来控制土地利用中的目标规模，明确土地集约利用的目标方向，减少城市土地利用决策中的额外代价。这就需要用到模式。而模式是基于投入产出组合的行为、关系特征的抽象表达。活动相关性和投入产出的均衡构成其两个主要特征。就其构建来说，目标、元素和关系构成其中的主要部分，而模式就是根据特定目标进行的元素和关系重构。基于事件非平面策略的目标群融合和基于土地要素的模式固化是模式构造的基本保证。

通过对开发区的区域产业区位角色分析，本报告以园中套园、园外有园的武汉东湖高新技术产业开发区作为研究对象，对本书主旨的探讨最有意义。因此，本书全面调查了武汉东湖开发区的用地结构、开发建设情况、管理绩效情况等，并做了丰富的典型企业调查。接着本书针对武汉市区的土地收益空间变化状况（包括土地收益的局部特征测度、临近效应测度和连续效应测度三个方面）以及土地利用方式组合方式带来的影响作了分析，并发现商住工联合建设所带来的集约效率最高。然后，针对武汉东湖高新技术产业开发区内部多样化的区片情况，本书进行了细致的场景分析、决策者影响分析、土地集约利用目标分述及基于几种投入产出关系的语义归纳和元素绑定。最终，通过对武汉东湖开发区分区片的讨论，获得各区片一般特征归纳以及土地集约利用的对策模式。

而实例分析的具体技术方案是：从空间布局根据各开发区片的整体目标特征（关键字），确定区片内的"人-地"关系。然后从城市发展规律和人的发展需求出发，并顾及产业区位发展考虑，进行投入产出优化的布局设计。研究涵盖的内容主要涉及空间布局和产业布局两个方面，对于部分片区本报告还额外给予了辅助性的政策建议。

通过对武汉东湖高新技术产业开发区的实例分析，本书从中归结出高新技术开发的一般高新产业发展模式有外来投资型、本地改造型、高新产业型、以及大学城型等共7种类型的开发区片，这7种区片各自的主导产业各异，并且其与城市市区的空间位置关系也互不相同。因此，这7种类型的区片基本上可以涵盖现有武汉城市圈绝大部分高新技术开发区的空间格局和发展模式。

针对这些具有不同特征的东湖高新技术开发区片，本书提出：为了更有效地集约利用开发区土地，高新技术开发区在产业改造方面可采用的模式有大开发区模式、产学研模式、改造模式、本地模式、置换模式、兼容模式、就地加工模式以及其中某几种模式的可能组合模式。

在空间布局上可采用的模式有新城模式、有限依托模式、边界模式、嵌入模式、跳板模式、独立发展模式及其中某几种模式的可能组合模式。

本书通过丰富题材的真实场景的抽象和演练，获得了一些关于高新技术开发区土地集约利用模式的普遍性结论。因此，最后结论部分除了能为武汉东湖开发区的土地集约利用政策的制定服务外，还能为武汉城市圈范围内所有已被鉴定为（省级）高新技术产业开发区或其他正迈向高新科技发展之路的开发区所借鉴。

经验与讨论

城市因人们非农生产与生活的需求发展而发展，开发区亦如此。无论何时，城市社会经济活动的步伐都不能超越城市"生命"的极限。除了短期经济的收益，城市的健康运行还需要保持合理的环境容量、良好的社会氛围甚至可持续的文化传承。因此，开发区土地集约利用的模式，其实质依旧是全面的满足这些（非农生产与生活的）需要。脱离其中的某些环节而片面强调生产性活动、经济体或者建筑物的规模甚至集中，都不是真正的"集约"。无论是一个新开发区计划的展开，或者是修订一个已有开发区土地利用目标的时候，我们都应该对此有充分的考虑。

　　本书所讨论的土地集约利用模式并未涉及传统的土地集约利用评价标准，而是侧重于如何从城市用地空间结构优化的角度来探讨如何促成土地集约利用格局的形成。而本书的论证也试图表明，开发区的产业特征与它涉及"哪些人"以及这些人的特定的土地利用目标有关，这就会涉及周边附属产业的发展以及包括交通、住宅等用地的配套情况。开发区土地集约利用的这些空间特征一方面体现了现有的城市整体用地环境保持良性发展需求，另一方面也塑造了城市的整体用地环境——而这背后反映出的仍旧是人的需求。